다시의 구조를 이해하고 자유롭게 활용하기 위한 조리와 과학

다시의 기술

시바타쇼텐 엮음 | 용동희 옮김

だし

GREENCOOK

다시는 일본요리를 특징짓는 중요한 요소 중 하나로,

생각해야 할 부분이 많다.

자신이 만들고자 하는 요리에 도움이 되는 것은 어떤 국물일까?

지금 이 국물이 과연 최선일까?

그 답을 얻으려면 많은 다시를 경험해봐야 한다.

그리고 다시의 구조를 이해해야 한다.

최근에는 일본요리도 다양한 국물을 사용하고 있다.

그리고 다른 장르의 셰프도 일본식 다시를 자연스럽게 받아들이고 있다.

다시를 둘러싼 상황이 조금씩 변하고 있다.

이 책은 이런 다양한 다시의 「현재」를 전하는 동시에

과학적인 접근을 통해 다시의 본질을 알기 쉽게 설명한다.

다시를 이해하고 자유자재로 사용하며, 자신이 원하는 맛을 표현하는 데

이 책을 활용한다면 더 바랄 것이 없겠다.

다시의 기술

일식집 7곳의 74가지 다시와 요리

「일본요리 세이잔 晴山」 야마모토 하루히코 008
- 다시마 다시 009
- 1번 다시 010
  - 털게완자 동아국 011
- 2번 다시 012
- 니보시 다시 013
- 옥돔 다시 014
  - 옥돔 온면 015
- 전복 다시 016
  - 걸쭉한 오크라를 올린 전복 017
- 말린 관자 다시 018
  - 가지와 성게알 019
- 재첩 다시 020
  - 재첩 다시로 조린 동아 021
- 닭새우 다시 022
  - 닭새우 달걀찜 023
- 닭 다시 024
  - 샤모와 순채 025
- 말린 표고버섯 다시 026
  - 표고버섯 연어알 덮밥 026
- 채소 다시 028

「고하쿠 虎白」 고이즈미 고지 029
- 다시마 다시 030
  - 다시마젤리 염장다시마 차조기꽃이삭을 올린 닭새우구이 030
- 국물용 다시 032
  - 순무 올린 대게살 완자 032
- 1.5번 다시 034
  - 경수채 절임 035
- 새우 다시 036
  - 시로미소 싹눈파 시치미로 맛을 낸 구운 보리새우와 가지 036
- 전복 다시 038
  - 영귤을 뿌린 전복소면 038
- 자라 다시 040
  - 파와 자라양념을 얹은 밥 041
- 닭과 유부 다시 042
  - 다진 유자 순무조림 042
- 돼지고기와 말린 관자 다시 044
  - 영귤 껍질과 은행 올린 송이버섯 수프 045

「다니모토 多仁本」 다니모토 세이지 046
- 다시마 다시 047
- 1번 다시 048
- 2번 다시 049
  - 히다규 가모가지 구조파 샤브샤브 050
  - 와사비 은행 올린 장어 연근찜 051
- 갯장어 다시 052
  - 갯장어 동아 만간지국 053
- 전복 다시 054
  - 유자와 성게젤리를 얹은 전복과 가모가지 055
- 자라 다시 056
  - 자라와 햇생강 솥밥 057
- 날치 다시 058
  - 싹눈파를 얹은 오리 무화과 소면 059

「데노시마 てのしま」 하야시 료헤이 060
- 다시마 다시 062
- 1번 다시 063
- 이리코 다시 064
  - 이리코 다시 온면 065
- 능성어 다시 066
  - 샤브샤브 스타일의 능성어회 067
- 새우 다시 068
  - 새우죽 069
- 닭 다시 070
  - 닭고기 완자 메밀국 071
- 돼지 다시 072
  - 배추절임 통돼지조림 073

├ 지비에 다시 074
    멧돼지 어묵 076
├ 생햄 닭 다시 078
    순무찜 079
├ 토마토 다시 080
    토마토 양념 삼치숯불구이 080

「기야마 木山」 기야마 요시로 082

├ 다시마 다시 083
├ 포 깎기 084
├ 1번 다시(국용) 085
    옥돔 순무국 087
├ 은어 다시 088
    반건조 은어와 누룽지 089
├ 매오징어 다시 090
    찐 전복과 매오징어 다시로 지은 밥 091
├ 조개내장 다시 092
    동아와 여름조개 093
├ 자라 다시 094
    대게와 자라젤리 097
├ 치즈 다시 098
    성게와 파르미자노 반숙찜 099
├ 옥수수 다시 100
    경단 옥수수수프(디저트) 100
├ 버섯 다시 102
    버섯 다시로 맛을 낸 털게와 풋콩두부 103

「일본요리 스이 日本料理 翠」 오야 도모카즈 104

├ 다시마 다시 105
├ 1번 다시 106
├ 간 오징어 다시 107
    오징어 수프 109
├ 복어뼈와 구운 지느러미 다시 110
    구운 복어지느러미국 110
├ 옥돔 유화 다시 112
    옥돔구이와 유화 다시 113
├ 은어 니보시 다시 114
    은어 소금구이와 칡면 114
├ 참게 토마토 시로미소 다시 116
    참게 다시와 시나몬향 가을채소 117

├ 오매 야마토종닭 다시 118
    오매 다시와 야마토당귀향의 야마토종닭 119
├ 훈제오리 다시 120
    훈제 다시로 맛을 낸 오리 순무 홍귤 121
├ 일본허브 자라 다시 122
    일본허브 다시로 맛을 낸 자라와 송이버섯 123
├ 갯장어 발효양파 콩소메 다시 124
    이부키 사향초향의 갯장어 콩소메 125
├ 발효대파 말린 관자 다시 126
    발효대파 다시와 붉바리찜 127
├ 발효표고버섯 다시 128
    발효표고버섯 다시의 반달가슴곰 등심 128
├ 시로미소 사프란 다시 130
    시로미소 사프란 다시의 닭새우와 죽순 130
├ 맑은 낫토 다시 132
    맑은 낫토 다시와 무화과 133

「우부카 うぶか」 가토 구니히코 134

├ 다시마 다시 135
├ 1번 다시 136
├ 2번 다시 137
├ 보리새우 다시 138
    새우 다시 달걀말이 139
    보리새우 완자 140
    보리새우 오차즈케 141
├ 벚꽃새우 다시 142
    벚꽃새우밥 143
├ 속성 새우 다시(2번 다시+새우껍질) 144
    새우 온면 145
├ 속성 게 다시(2번 다시+게 껍질) 146
    대게 배추찜 147
    타차이 게 볶음 147
├ 보리새우 동결농축 다시 148
    새우양념 얹은 에비이모 149
├ 대게 동결농축 다시 150
    대게 다시로 맛을 낸 연어알과 대게 151
    대게 내장을 올린 무찜 151
├ 갑각류 콩소메 152
    새우 콩소메로 조린 쇼고인 무 154
    갑각류 콩소메 소스를 얹은 온천달걀 155

├ 따개비 다시　156
│　　따개비와 순채　157
│　　따개비 젤리　158
│　　따개비 다시국　158
│　　따개비 달걀찜　159
├ 일본식 새우 비스크　160
│　　일본식 보리새우 비스크　162
│　　보리새우 롤양배추　163
├ 진한 게 수프　164
│　　게 수프　166

다른 장르 셰프의 일본식 다시 사용 방법

「서브림 スブリム」 가토 준이치　167
│　참치포와 허브소스의 닭새우 버터구이　168, 170
│　생강 풍미 시트와 대게 젤리　169, 170

「돈 브라보 ドンブラボー」 다이라 마사카즈　171
│　봉골레　172, 174
│　달걀찜　173, 174
│　고등어와 드라이토마토　173, 174

주요 다시 재료

다시마　176
가다랑어포　181
니보시・야키보시　184

다시에 대한 생각

1번 다시의 조리과학　186
「다시」의 과학과 디자인　190
대담　198

요리 레시피　208
다시 인덱스　214
이 책에 소개된 음식점　215

일식집 7곳의 74가지 다시와 요리

| 다른 장르 셰프의
| 일본식 다시 사용 방법

다시의 과학
가와사키 히로야

dashi

「일본요리 세이잔 晴山」
야마모토 하루히코

다시는 정말 중요하다. 국물이 잘못되어 버리면, 모든 요리가 잘못되고 만다. 요리의 심장인 셈이다. 재료가 가진 힘을 최대한 끌어내 맛있게 완성시키는 것이 국물이기 때문에, 재료와의 균형을 고려하는 일이 중요하다. 물론 식재료가 늘 일정하지는 않다. 생선 지방의 양, 조개의 감칠맛 세기 등은 그때그때 상황에 따라 달라지기 때문에 거기에 맞춰 다시도 조절이 필요하다. 물론 계절과 그날의 날씨, 기온과 습도에 따라서도 달라진다. 게다가 코스요리는 어패류를 사용한 요리, 채소를 사용한 요리, 고기를 사용한 요리 등 여러 재료를 사용한 요리의 조합이기 때문에, 전체의 균형 속에서 서로가 돋보이도록 다시를 사용해야 한다.

　이렇게 섬세하게 조절하기 위해서는 이를 위한 미각이 필요하다. 결국 자신의 컨디션 관리 또한 중요하다.

　참다시마, 참치포, 지아이를 제거한 가다랑어포를 사용한 1번 다시가 「세이잔」 다시의 주인공으로, 요리를 통해 이 가게만의 다시를 전달하려 한다. 예를 들어, 여름에는 갯장어를 갯장어 다시와 함께 국물요리를 하는 등, 제철의 맛이 느껴지는 재료로 다시를 내어 계절감을 더하고 있다.

1979년 도치기현 아시카가시 출생. 기후의 유명가게 「다카다 하치쇼」의 다카다 하루유키에게 사사를 받고 지점 「갓포요리 와카미야 하치쇼」, 이어 「갓포요리 고가네 하치쇼」에서 점장으로 일했다. 31살에 독립하여 도쿄 미타에 「세이잔」을 열었다. 심플하면서도 계절감과 감칠맛을 자연스럽게 살린 섬세한 맛이 특징으로, 완급이 있는 코스요리를 제공한다.
기본 1번 다시는, 참다시마 외에도 지아이를 제거한 가다랑어포와 참치포 2종류를 블렌딩하여 만든다.

다시마 다시

전날 밤에 다시마를 물에 담가두고, 다음날 가열하여 다시를 낸다. 술찜 등에 사용하지만, 다른 다시의 베이스로도 사용한다.

재 료

다시마(참다시마) … 250g
물(연수) … 8ℓ

1 냄비에 다시마와 물을 넣는다.

2 그대로 상온에 하룻밤(최소 7~8시간) 둔다.

3 **2**의 냄비를 불에 올리고, 60~65℃로 1시간 정도 가열한다.

다시의 과학

다시마의 양이 매우 많은 편이다. 상온의 물에 우려낸 후 60~65℃로 1시간 가열하여, 다시마의 글루탐산을 최대한 많이 추출한다.

일본요리 세이잔

1번 다시

손님 방문시간에 맞춰 다시를 낸다. 게즈리부시(얇게 깎은 포)의 양은 계절, 기온, 습도, 다시마의 맛을 내는 방법, 짠맛의 정도, 그리고 당연히 요리 재료에 따라 달라지기 때문에 그때마다 조절하고 있다.

2종류의 게즈리부시를 함께 사용하는 것은 각각의 맛이 다르기 때문이다. 가다랑어포는 풍미가 섬세하다. 참치포는 온화하고 부드러운 맛이다. 가다랑어는 향이 잘 퍼지고 참치는 감칠맛이 잘 유지된다. 요리에 따라 조절이 필요하지만 참치포 3 : 가다랑어포 1 비율이 대략적인 기준이다.

재료

다시마 다시(p.9 참고) … 6ℓ
참치포 … 3줌
가다랑어포(지아이 제거) … 1줌

다시의 과학

다시마 다시를 끓이면 다시마의 비린내가 휘발된다. 가다랑어포와 참치포에서 중요한 것은 이노신산의 감칠맛, 마이야르 반응의 향, 훈연향이다. 마이야르 반응의 향도 훈연향도 휘발되기 쉬우므로, 손님 방문시간에 맞추어 갓 뽑은 향이 특징인 다시를 만들고 있다.

1 다시마 다시를 불에 올린다. 끓으면 불순물을 걷어낸다.

2 참치포를 넣는다.

3 살짝 끓으면 불순물을 걷어낸 후 불을 끈다.

4 가다랑어포를 넣는다.

5 그대로 가라앉을 때까지 1~2분 기다린다.

6 쿠킹페이퍼를 깐 체에 천천히 내린다 (가능한 건드리지 않아야 잡미가 생기지 않는다).

털게완자 동아국

국물맛은 첫입은 물론, 건더기를 흩뜨려도 마지막까지 맛있게 마실 수 있게 균형을 맞추었다.

재료

털게 … 적당량

으깬 흰살생선살 … 적당량

동아 … 적당량

맛국물(1번 다시에 맛술 조금, 국간장 조금, 소금 조금을 넣고 가다랑어포를 넣은 것) … 적당량

1번 다시(p.10 참고) … 적당량

소금, 국간장, 정종 … 적당량씩

양하(양하채) … 적당량

청유자 … 조금

만드는 방법

1. 털게는 끓는 소금물에 데쳐서 살을 발라낸 후, 으깬 흰살생선살과 합친다.
2. 동아는 소금으로 문지른 후 양끝을 잘라낸다. 씨 부분을 씨제거기로 도려낸 다음 매우 얇고 둥글게 썬다. 살짝 데쳐서, 묽은 맛국물에 2번 담근다.
3. **1**을 적당한 크기로 떼어서 찐 후 그릇에 담는다.
4. 1번 다시를 끓이고 소금, 국간장, 정종으로 간을 한 후 **3**에 붓는다. 털게완자 위에 **2**의 동아를 올리고 양하채를 얹은 후 다진 청유자를 뿌린다.

2번 다시

2번 다시는 감칠맛은 필요하지만 향에는 별로 신경쓸 필요가 없는 조림 등의 요리, 또는 농도를 묽게 하는 용도의 국물 등에 사용한다. 1번 다시는 끓이지 않고 내지만, 2번 다시는 재료에 남은 감칠맛을 다 뽑아내기 위해서 가열한 다음 참치포로 감칠맛을 보충한다.

재료

1번 다시에서 남은 재료 … p.10의 분량
참치포 … 1~2줌
물(연수) … 6ℓ

1 사용하고 남은 다시 재료를 냄비에 넣고, 물을 부은 후 불에 올린다. 불순물이 나오면 걷어낸다.

2 참치포를 넣는다.

다시의 과학

1번 다시를 낸 후 다시 추출한 2번 다시는, 1번 다시에서 어느 정도 가열하였는지에 따라 남은 맛 성분과 향 성분에 차이가 생긴다. 「세이잔」에서는 1번 다시 때 어느 정도 충분히 가열, 추출하기 때문에 남은 다시마의 감칠맛보다는 추가한 참치포의 향과 맛을 지닌 국물이 된다.

3 끓지 않을 정도로 불조절을 하여 10~15분 가열한다.

4 쿠킹페이퍼를 깐 체에 내린다(감칠맛을 모두 끌어냈기 때문에, 눌러 짜지 않아도 좋다).

니보시 다시

미소시루나 국수장국에 사용한다. 니보시는 맛이 진하게 나오기 때문에 고온에서 끓일 필요가 없다.

재료

니보시(멸치) … 적당량
다시마(참다시마) … 적당량
물(연수) … 적당량

1 니보시는 머리와 내장을 제거하여, 다시마와 함께 냄비에 넣은 후 물을 붓는다. 반나절 둔 다음 센불에 올리고, 80℃가 되면 불을 끈다.

2 쿠킹페이퍼를 깐 체에 내린다.

* 불을 끈 후 그대로 두면 맛이 다시 나온다. 그다지 강한 맛을 내고 싶지 않다면 바로 체에 내려도 좋다.

다시의 과학

니보시의 감칠맛 성분은 이노신산인데, 다시마의 감칠맛 성분인 글루탐산과 함께 맛보면 감칠맛 상승효과로 맛이 강하게 느껴진다. 니보시는 가다랑어포와 달리 기름기를 제거하지 않기 때문에, 지방질이 산화되지 않게 보관해야 한다. 다시를 낼 때도 너무 가열하면 지방산화가 일어나므로 온도에 신경써야 한다.

일본요리 세이잔

옥돔 다시

가운데뼈를 살짝 데쳐서(시모후리) 다시를 내는 방식도 있지만, 여기서는 온면에 넣기 때문에 고소함을 더하기 위해 뼈를 구워서 다시를 내는 방식으로 만든다. 구우면 고소한 풍미가 생기는 동시에 비린내를 제거할 수 있다. 단, 너무 태우면 국물에 탄내가 배기 때문에 주의해야 한다.

마지막에 참치포를 넣어 부드러운 감칠맛을 더한다. 가다랑어포는 향이 많이 나므로, 시간 들여서 낸 옥돔의 향이 줄어들 수 있다. 갯장어나 도미 다시도 같은 방법으로 만든다.

재료

다시마 다시(p.9 참고) … 5ℓ
옥돔 가운데뼈 … 3마리 분량
소금, 정종 … 적당량씩
참치포 … 1줌

1 옥돔 가운데뼈에 소금을 뿌리고, 화로에 굽는다. 옥돔 뼈는 부러지기 쉬우므로 주의한다.

2 앞뒤 모두 노릇노릇해지면 불에서 내린다.

3 다시마 다시를 냄비에 넣고 불에 올린 후, **2**의 가운데뼈를 넣는다. 정종을 넣는다.

4 불순물을 걷어내면서 약 15분 끓인다.

5 참치포를 넣는다(저으면 탁해지므로 되도록 젓지 않는다).

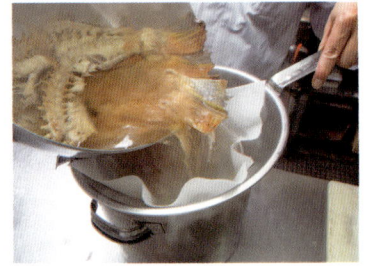

6 쿠킹페이퍼를 깐 체에 내린다.

다시의 과학

구웠을 때 나는 고소한 향은 마이야르 반응에 의한 향으로 탄내와는 다르다. 이것을 이해하고 굽는 정도를 조절하려면 모양과 냄새를 확인하면서 구워야 한다. 옥돔이나 갯장어 등 아미노산이 많은 생선은 가운데뼈를 굽고 다시를 내기에 적당하다.

옥돔 온면

온면에 사용하는 국물은 1번 다시보다 감칠맛이 강한 것이 좋다. 옥돔 송이버섯국 같은 경우는 1번 다시로 만든다.

재료

옥돔(토막썰기한) … 적당량
소면 … 적당량
옥돔 다시(p.14 참고) … 적당량
소금, 정종, 국간장 … 적당량씩
영귤(둥글게 썬) … 조금

만드는 방법

1 옥돔은 소금을 뿌리고, 꼬치에 꽂은 다음 숯불에 굽는다.
2 소면은 데쳐서 흐르는 물에 살짝 헹군 다음 물기를 뺀다. 뜨거운 옥돔 다시를 끼얹은 후 **1**과 함께 그릇에 담는다.
3 옥돔 다시를 끓여서 소금, 정종, 국간장으로 간을 하고 **2**에 붓는다. 영귤을 올린다.

전복 다시

전복에 정종을 넣고 쪄서 다시를 낸다. 다시마 다시 등을 많이 넣고 찌거나 끓이면 많은 양의 국물을 얻을 수 있지만, 전복 자체의 맛이 너무 빠져나가 전복살을 요리에 사용할 수 없게 된다. 이 균형을 잡기가 어렵다. 전복살에 감칠맛이 남는 최소한의 시간 안에 쪄야 한다. 껍데기째 찌는 이유는 껍데기에서 나오는 감칠맛도 다시의 한 요소로 보기 때문이다.

완성한 다시는 요리에 따라 다시마 다시 등을 더하여 조절한다.

재료

전복 … 적당량
정종 … 적당량

다시의 과학

전복은 글루탐산이 많고, 단맛이 나는 아미노산을 함유한다. 향도 중요하기 때문에 너무 많이 가열하여 향이 줄어들지 않도록 하는 것이 포인트다.

1 전복을 흐르는 물에 솔로 깨끗이 문질러 닦는다.

2 높이가 있는 트레이에 나란히 올리고, 전복 높이의 1/3 정도 잠기도록 정종을 붓는다.

3 비닐랩을 씌운다.

4 김이 오른 찜기에 넣고, (전복의 크기에 따라) 4시간 정도 찐다.

5 완성.

6 쿠킹페이퍼를 깐 체에 내린다.

일본요리 세이잔

걸쭉한 오크라를 올린 전복

전복 다시에 참마와 두들긴 오크라를 넣어 걸쭉하게 만든다.

재료

찐 전복(p.16에서 다시를 낸 후의 전복살) … 적당량
전복 다시(p.16 참고) … 적당량
참마 … 적당량
오크라(끓는 소금물에 데쳐서 두들긴) … 적당량
소금 … 적당량
차조기꽃이삭 … 조금

만드는 방법

1. 참마는 갈아서 전복 다시, 소금, 두들긴 오크라를 넣고 섞는다.
2. 찐 전복을 한입크기로 잘라서 그릇에 담고, **1**을 얹은 후 차조기 꽃이삭을 올린다.

말린 관자 다시

말린 관자는 물에 불려도 맛있는 다시를 낼 수 없다. 다시마나 가다랑어포 다시를 넣고 불려야 비로소 맛있는 국물이 된다. 관자뿐 아니라 건어물은 종류에 따라 맛을 내는 방법이 다르므로, 반드시 맛을 본 다음 1번 다시나 소금으로 맛을 조절하여 사용한다.

재료

말린 관자 … 적당량
1번 다시(p.10 참고) … 적당량

1 말린 관자를 용기에 담고 1번 다시를 넉넉히 붓는다. 비닐랩을 씌워서 반나절 동안 그대로 둔다.

2 김이 오른 찜기에 넣고 2~3시간을 찐다.

3 완료.

4 쿠킹페이퍼를 깐 체에 내린다.

다시의 과학

말린 관자는 글루탐산과 구아닐산뿐 아니라 호박산도 함유한다. 호박산은 글루탐산과의 감칠맛 상승효과는 얻을 수 없지만, 독특한 감칠맛이 있기 때문에 1번 다시와 합치면 효과적이다.

가지와 성게알

말린 관자 다시에 1번 다시를 넣어 사용한다.

재료

히스이 가지* … 적당량
말린 관자 다시(p.18 참고) … 적당량
1번 다시(p.10 참고) … 적당량
소금 … 적당량
생성게알 … 적당량
청유자 … 조금
튀김기름 … 적당량

* 히스이 가지_ 일본의 재래품종으로 비취색을 띤다.

만드는 방법

1 가지는 세로로 칼집을 내어, 달군 튀김기름에 튀긴 후 찬물에 넣고 껍질을 벗긴다.
2 말린 관자 다시에 1번 다시와 소금을 넣어 간을 한다. 1의 가지를 30분 담근 후, 다시 새 다시에 4~5시간 담가둔다.
3 2의 가지는 먹기 좋은 크기로 잘라 그릇에 담고, 담갔던 다시를 붓는다. 소금을 조금 뿌린 생성게알을 올리고 다진 청유자를 뿌린다.

재첩 다시

조개류 중에서도 감칠맛이 강한 재첩. 특히 신지호수의 재첩은 알이 커서 좋은 다시를 낼 수 있다. 재첩은 여름과 겨울이 제철이다. 미소시루 등에 사용하는 경우 외에도, 겨울에 손님에게 처음 내는 국으로도 사용한다.

재료

재첩(신지호수산, 해감) … 2kg
다시마 다시(p.9 참고) … 3ℓ
정종 … 500㎖
소금 … 적당량

1 냄비에 재첩을 넣고 다시마 다시, 정종, 소금을 더하여 센불에 올린다.

2 끓으면 불순물을 걷어내고, 불을 줄여서 다시 약하게 끓인다(살은 감칠맛이 빠져나가, 맛이 없어졌기 때문에 요리에 사용하지 않는다).

3 쿠킹페이퍼를 깐 체에 내린다.

* 불순물을 걷어낸 후 바로 불을 끄면 깔끔한 맛의 다시가 된다. 우시오지루(어패류로 만든 맑은 국물)를 끓일 경우, 불을 끄고 정종과 소금으로만 간을 한다. 여기서는 채소를 익혀 다시에 담그는데, 조금 더 감칠맛을 제대로 내기 위해 약불로 살짝 더 끓인다.

* 재첩의 염분은 개체차가 있으므로 소금기를 빼둔다.

* 끓인 후 체에 거르지 않은 채 그대로 4, 5시간~반나절 정도 두면 다시 감칠맛이 나온다.

다시의 과학

조개류인 재첩의 감칠맛 성분은 호박산이다. 글루탐산과의 감칠맛 상승효과는 얻을 수 없으나 다시마 다시와 합치면 감칠맛이 더해진다.

재첩 다시로 조린 동아

재첩의 감칠맛을 덩어리째 맛보는 느낌이다.

재료

동아 … 적당량
재첩 다시(p.20 참고) … 적당량
소금, 정종, 생강즙, 맛술 … 적당량씩

만드는 방법

1 동아는 꼭지를 잘라내고, 알맞은 크기로 자른다. 껍질을 벗기고 껍질쪽에 비스듬히 잔 칼집을 낸다. 소금과 백반으로 문질러서 얼마 동안 그대로 둔 후, 색이 나면 데친다.
2 재첩 다시를 끓이고 소금, 정종, 생강즙, 약간의 맛술을 넣은 후 **1**의 동아를 넣어 30분 정도 끓인다. 냄비째 얼음물에 받쳐서 빠르게 식힌다.
3 그릇에 담을 때는 **2**를 다시 데워서 동아를 먼저 그릇에 담은 후 국물을 붓는다.

일본요리 세이잔

닭새우 다시

끓는 물에 살짝 데친 닭새우 머리와 껍질을 다시마 다시와 합쳐서 끓이고, 참치포로 감칠맛을 더한다. 사용할 때는 채수로 묽게 만들어도 좋다.

재료

닭새우(미에현산)··· 3마리
다시마 다시(p.9 참고) ··· 적당량
정종 ··· 적당량
소금 ··· 적당량
참치포 ··· 적당량

1 살아 있는 닭새우를 뜨거운 물에 넣어 살짝 데친 후 얼음물에 담근다.

2 머리와 배 부분을 나누고, 배 부분의 살을 발라낸다(살은 요리에 사용한다). 머리는 갈라둔다.

3 2의 껍질과 머리를 냄비에 넣고, 다시마 다시를 간신히 잠길 만큼 부은 후 소금과 정종을 넣고 끓인다.

4 끓으면 불순물을 걷어낸다.

5 밀대 끝으로 껍질을 부순다. 불순물을 걷어내면서 20~30분 끓인다.

6 참치포를 넣고 불을 끈다.

7 참치포가 가라앉으면 쿠킹페이퍼를 깐 체에 내린다.

다시의 과학

갑각류는 글루탐산에 더했을 때 단맛이 느껴지는 아미노산을 많이 함유한다. 새우와 다시마를 합쳐서 국물을 내면, 단맛과 감칠맛이 강한 다시가 된다.

닭새우 달걀찜

닭새우 다시와 달걀을 합쳐서 감칠맛이 풍부한 달걀찜을 만든다.

재료

- 달걀 … 적당량
- 닭새우 다시(p.22 참고) … 적당량
- 소금, 국간장, 맛술 … 적당량씩
- 닭새우살(p.22 만드는 방법 2 참고) … 적당량
- 칡가루 … 적당량
- 갈색양념(1번 다시(p.10 참고), 진간장, 맛술을 합쳐서 끓이고 물에 갠 칡가루를 넣어 걸쭉하게 만든다) … 적당량
- 파드득나물(데친 줄기) … 조금

만드는 방법

1 달걀물 1 : 닭새우 다시 5 비율로 섞고 소금, 국간장, 약간의 맛술로 맛을 낸 다음 체에 내린다.
2 1을 그릇에 붓고 찐다.
3 닭새우살은 한입크기로 잘라 소금을 살짝 뿌리고, 칡가루를 묻힌 후 닭새우 다시에 살짝 익힌다.
4 2의 달걀찜에 3을 올리고, 갈색양념을 부은 후 파드득나물을 올린다.

닭 다시

전날 잘라 부순 샤모뼈를 사용한다. 좋은 뼈를 사용하면 밑손질로 소금을 뿌리고 살짝 데치기만 해도 잡미가 거의 없는 깨끗한 국물을 낼 수 있다. 불순물도 그렇게 많이 나오지 않는다. 마지막에 참치포를 더하여 색다른 감칠맛과 향을 더한다.

재료

닭뼈(샤모*, 다리 포함) … 2마리 분량
소금 … 적당량
생강(얇게 썬) … 적당량
대파(푸른 부분) … 3줄기 분량
다시마 다시(p.9 참고) … 6ℓ
정종 … 200㎖
참치포 1줌

* 닭뼈는 이즈지역의 아마기 샤모뼈를 사용한다. 전날 잘라 부수어 준비한다.

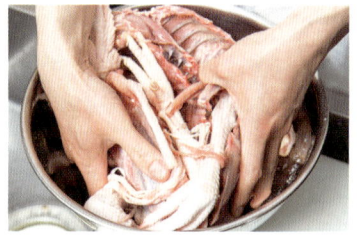

1 닭뼈에 소금을 묻히고 10~15분 그대로 둔다.

2 뜨거운 물을 부어 살짝 데친다.

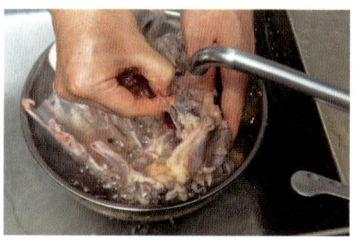

3 흐르는 물에 씻으면서 지아이를 제거한다(지방은 그대로 둔다).

4 닭뼈를 냄비에 넣고, 차가운 다시마 다시를 붓는다(따뜻한 국물을 넣으면 불순물이 나오기 쉽다).

5 대파, 생강, 정종을 넣고 불에 올린다.

6 끓으면 불순물을 걷어낸다(여기서 고기 부분을 완전히 익히지 않으면, 쪘을 때 불순물이 나와 탁해지고 만다. 반대로 너무 끓이면 잡미가 생기므로 주의한다).

7 불순물을 살짝 걷어내면 국물이 맑아진다.

8 7을 비닐랩으로 덮는다.

9 찜기에 넣고 3~4시간 찐다.　　**10** 다시 끓여 지방을 제거한다.　　**11** 참치포를 넣고 살짝 끓인 후 쿠킹페이퍼를 깐 체에 내린다.

다시의 과학

닭뼈의 불순물은 근육에 포함된 미오글로빈 때문에 생겨난다. 이 철을 함유한 단백질이 지방을 감싸고 국물 표면에 떠오르면, 산화된 지방산화물이 냄새의 원인이 된다. 철은 지방산화를 촉진시킨다. 불순물을 제거할 때 어느 정도 액체를 대류시켜서 위로 띄우면 걷어내기 쉽다. 쪄서 다시를 만들면 대류가 일어나지 않으므로, 미리 불순물을 확실히 걷어내야 한다.

샤모와 순채

숯불로 고소하게 구운 샤모 고기에 감칠맛이 풍부한 닭 다시로 맛을 낸다. 순채의 식감이 좋아 악센트가 된다. ⇨ p.208

일본요리 세이잔

말린 표고버섯 다시

다시마 다시와 합쳐서 사용한다. 독특한 맛과 향이 강해 단독으로 사용하지 않고, 적은 양으로 느낌을 살리는 데만 사용하고 있다.

재료

말린 표고버섯 … 적당량
물(연수) … 적당량

1 말린 표고버섯을 물에 담가 하룻밤 불린다.

2 쿠킹페이퍼를 깐 체에 내린다.

다시의 과학

말린 표고버섯에는 구아닐산이라는 감칠맛 성분이 있는데, 다시마의 감칠맛 성분인 글루탐산과 함께 맛보면 감칠맛의 상승효과가 일어나서 맛이 더욱 강하게 느껴진다. 말린 표고버섯의 구아닐산은 표고버섯의 갓 아래쪽 효소에 의해 만들어지기 때문에, 물에 담글 때는 갓이 아래를 향하도록 담가서 효소가 제대로 작용하도록 한다.

표고버섯 연어알 덮밥

버섯과 궁합이 좋은 연어알의 조합이다. 심플하고 맛있는 식사다.

재료

쌀 … 적당량
말린 표고버섯 다시(위 참고) … 1(비율)
다시마 다시(p.9 참고) … 1(비율)
소금, 국간장, 정종, 맛술 … 적당량씩
연어알 간장절임(1번 다시〈p.10 참고〉, 진간장, 정종, 맛술을 합친 절임액에 연어알을 절인 것) … 적당량
청유자 … 조금

만드는 방법

1 말린 표고버섯 다시와 다시마 다시를 1:1로 섞고 소금, 국간장, 정종, 약간의 맛술을 넣어 밥물을 만든 다음 밥을 짓는다.
2 1을 그릇에 담고, 연어알 간장절임을 올린 후 청유자를 뿌린다.

일본요리 세이잔

채소 다시

채소만으로는 감칠맛이 부족하지만, 가다랑어 다시 등과 합쳐서 사용하면 풍미를 더할 수 있다. 조금 색다른 감칠맛과 단맛을 원할 때, 다양한 맛이 필요할 때 채소의 힘을 빌리는 느낌이다. 시금치, 경수채 등의 잎채소나 우엉같이 떫은맛이 강한 채소는 적합하지 않다. 당근은 너무 많이 넣으면 독특한 향과 단맛이 생기므로 사용할 때는 조금만 넣도록 한다.

재 료

자투리 채소(무 껍질, 배추 밑동, 당근 껍질, 대파 푸른 부분, 표고버섯 기둥 등)⋯적당량

다시마 다시(p.9 참고)⋯적당량

1 냄비에 자투리 채소와 다시마 다시를 함께 넣고 불에 올린다.

2 불순물을 걷어내고 약 20분 끓인다.

3 쿠킹페이퍼를 깐 체에 내린다.

* 가다랑어 다시와 함께 사용할 경우, 가다랑어포를 따로 추가하지 않는다.

다시의 과학

글루탐산을 어느 정도 함유한 채소가 있기 때문에, 글루탐산이 많은 채소를 선택하면 좋다. 다만 다시마만큼 글루탐산이 많은 채소가 없으므로, 채소는 되도록 향과 단맛이 잘 살게 조합하여 다시를 만든다. 무, 배추, 대파에는 황화합물이 있어서 국물에 중요한 향을 더한다. 가다랑어 다시의 향과 궁합을 고려해 선택하면 좋다.

「고하쿠 虎白」
고이즈미 고지

「고하쿠」에서는 손님들이 즐기는 몇 가지 요리를 제외하고, 스테디셀러라는 개념이 없다. 재료의 맛을 잘 살리려면 어떻게 해야 좋을까. 일반적인 방법에 얽매이지 않고, 지금까지 없었던 새로운 조리법 등을 도입한 신선한 표현은 없을까. 이 점을 항상 생각해가며 요리하고 있다. 이를 위해서는 기반이 되는 다시가 매우 중요하다. 이곳에서는 모든 요리의 국물이 다시마와 가다랑어 다시를 베이스로 하고 있으며, 그 점을 지켜나가고 있다.

다시마와 가다랑어로 만든 다시는 2가지다. 하나는 국에 사용하는 다시로 가다랑어의 잡미가 생기지 않게 낸 깔끔한 국물이다. 다른 하나는 1번 다시와 2번 다시의 중간에 해당하는 다시다. 가게에서는 1.5번 다시라고 부르는데, 가다랑어의 감칠맛과 향을 충분히 끌어내는 방법이다.

코스요리에는 맛의 흐름이 있기 때문에 국물도 달라져야 한다. 앞서 말한 2가지 종류의 다시가 베이스이긴 하지만, 재료에 맞춰서 때로는 갑각류나 오리 다시를 사용하는 등 변화를 주고 있다.

다시는 어디까지나 재료와 요리의 균형이다. 이 재료라면 이런 요리로 하고 싶다, 이런 식으로 다시를 내면 좋다. 또한 코스에서 어느 순서에 낼지 고려하지 않으면 안 된다. 조림은 코스의 마지막 부분에 내지만 이곳에서는 예를 들어 겨울이 되면 채소와 함께 국간장으로 가볍게 간을 한 1.5번 다시로 껍질만 굽고 자른 청둥오리를 살짝만 익혀서 낸다. 이때 오리뼈로 낸 다시를 사용하면 너무 묵직한 느낌이 되어버린다. 코스 마지막에 내는 오리나 닭 등 지방이 많은 재료는 무겁게 느껴질 수 있으므로, 가다랑어 다시로 살짝 익히는 편이 적합하다.

1979년 가나가와현 출생. 도쿄 야에스의 일식집 셰프인 이시카와 히데키에게 사사를 받았다. 2003년 독립한 이시카와와 함께 「가구라자카 이시카와」를 창업 때부터 운영, 2008년에 오픈한 「고하쿠」에서 오너셰프로 일했다.
일본요리의 기본을 지키면서도 캐비어나 트러플 같은 재료를 자유자재로 사용하고, 새로운 기법이나 제조방법도 유연하게 받아들이면서 이곳만의 특별한 요리를 만들고 있다.

다시마 다시

참다시마를 사용한다. 참다시마는 감칠맛이 강해서, 다시를 깔끔하게 만들고 싶으면 양을 적게 하고 가열시간도 짧게 하면 되기 때문에 조절이 쉽다. 리시리(利尻) 다시마는 깔끔한 국물을 내는 방식으로 만들면 깊은 맛이 조금 부족하게 완성된다.

재 료

다시마(참다시마) … 12g
물 … 800㎖

1 냄비에 다시마와 물을 함께 넣고 불에 올린다. 천천히 온도를 올리면서 끓지 않을 정도로 불을 조절하여(60℃) 40분 정도 보글보글 끓인다.

2 다시마의 감칠맛과 향이 나면, 다시마를 건져내고 끓기 직전까지 온도를 올린 다음 불순물을 걷어낸다.

다시마젤리 염장다시마 차조기꽃이삭을 올린 닭새우구이

닭새우는 살짝 익혀야 단맛이 제대로 난다. 불에 그을린 새우의 향과 풍미를 살리려면 만능 다시(간장, 맛술 등으로 맛을 낸 기본 다시)로 만든 젤리보다 다시마 다시로 만든 젤리가 더 적합하다. 젤리로 만들 때는, 다시마를 조금 많이 넣어서 강하게 맛을 낸 다시마 다시를 사용한다.

재 료 (4인분)

다시마젤리
- 다시마 다시
  - 다시마(참다시마) … 40g
  - 물 … 1500㎖
- 소금 … 3g
- 판젤라틴 … 10g

닭새우 … 350g × 2마리
맛간장(1.5번 다시<p.34 참고>와 진간장을 같은 양 섞는다)
    … 적당량
염장다시마(다진) … 조금
차조기꽃이삭 … 적당량

만드는 방법

1 다시마 젤리_ 옆 재료표 분량의 다시마와 물로 다시마 다시를 낸다.
2 끓인 다시마 다시에 소금을 넣고, 불린 젤라틴을 녹인 후 식으면 냉장고에 굳힌다. 젤리상태가 되면 저어서 으깬다.
3 닭새우는 껍질에서 살을 발라낸다. 새우살을 꼬치에 끼워 맛간장을 표면에 가볍게 바른 후 불로 겉을 살짝 굽는다. 먹기 좋은 크기로 자른다.
4 그릇에 3을 담고 2의 다시마젤리를 얹은 후, 염장다시마와 차조기꽃이삭을 뿌린다.

고하쿠

국물용 다시

가다랑어의 잡미가 없는 깔끔한 다시다. 다시마 다시도 p.34의 1.5번 다시보다 살짝 옅게 만든다. 계절이나 국물 재료에 따라 다시마나 가다랑어로 풍미를 내는 방법 등을 약간 조절하고 있다.

재료

다시마 다시
- 다시마(참다시마) … 10g
- 물 … 1000㎖

가다랑어포(지아이 제거) … 20g

1 p.30처럼 재료 분량의 다시마와 물로 다시마 다시를 낸다.

2 불순물을 걷어낸 다음, 다시마 다시를 불에서 내리고 가다랑어포를 넣는다

3 70~80℃에 1분 30초 정도 그대로 두고, 가다랑어 향이 나며 조금 가라앉으면 쿠킹페이퍼를 깐 체에 내린다.

순무 올린 대게살 완자

일본요리의 기본인 완자를 나만의 스타일로 만들고 싶어서 시행착오 끝에 완성한 비법이다.

재료(4인분)

대게살 완자
- 대게(끓는 소금물에 데친 대게살) … 120g
- 대게 내장(끓는 소금물에 데친 대게에서 발라낸) … 조금
- 으깬 흰살생선살 … 40g
- 달걀물* … 25g

순무청 … 4개
만능 다시(p.35 「경수채 절임」 참고) … 적당량
국물용 다시(위 참고) … 적당량
소금, 국간장 … 조금씩

* 달걀물_ 달걀노른자 1개 분량에 식용유 120g을 조금씩 더해가며 거품기로 섞는다.

만드는 방법

1. 대게살 완자를 만든다. 달걀물, 으깬 흰살생선살, 대게 내장을 골고루 섞고, 마지막에 대게살을 넣어 섞는다. 1인분에 40g씩 떼어둔다.
2. 순무청은 데쳐서 얼음물에 담근다. 이어 물기를 제거하고 차가운 만능 다시에 담가둔다.
3. **1**의 대게살 완자를 찜기에 7분 동안 찐 후, 그릇에 담아 **2**의 순무청을 올린다. 국물용 다시를 데우고 소금과 국간장으로 간을 해서 붓는다.

고하쿠

1.5번 다시

다시마와 가다랑어 다시는 지아이를 제거한 가다랑어포를 사용한다. p.32의 국물용 다시, 그리고 지아이를 제거하지 않은 가다랑어포로 만든 다시 등 2가지를 구분해서 사용하고 있다. 국물요리 이외에도 2번 다시가 아닌, 처음부터 이 요리를 위해 만든 맛있는 국물을 사용하고 싶기 때문이다. 다시에 사용하지 않은 다시마와 가다랑어포를 사용하는데, 일반적인 1번 다시와 2번 다시의 중간에 해당하는 방법으로 가다랑어의 감칠맛과 향을 모두 살려낸다.

재료

다시마 다시
- 다시마(참다시마)⋯12g
- 물⋯800㎖

가다랑어포(지아이 포함)⋯18g

1 p.30처럼 재료 분량의 다시마와 물로 다시마 다시를 낸다.

2 불순물을 걷어낸 다시마 다시에 가다랑어포를 넣는다.

3 약불로 20~30분 정도(요리에 맞게) 가열한다(물이 대류하도록 보글보글 끓지 않게 조절한다).

4 가다랑어 향이 나면 쿠킹페이퍼를 깐 체에 내린다.

경수채 절임

국간장과 맛술로 간을 한 만능 다시에 데친 채소를 절인 심플한 절임요리다. 토란줄기처럼 수분이 많은 경우에는 조금 간을 세게 하거나 2번 절이기도 한다.

재료(4인분)

경수채 … 1묶음
만능 다시
　┌ 1.5번 다시(p.34 참고) … 500㎖
　│ 국간장 … 25㎖
　│ 맛술 … 10㎖
　└ ※ 합쳐서 끓인 후 식혀 둔다.
유자 … 조금

만드는 방법

1 경수채는 데쳐서 얼음물에 담근 후, 물기를 제거하고 차가운 만능 다시에 담근다. 맛이 배면 약 4cm 길이로 자른다.

2 그릇에 1의 경수채를 담고, 차가운 만능 다시를 위에 끼얹은 후 다진 유자를 뿌린다.

* 절일 때는 쿠킹페이퍼로 가다랑어포를 감싸서 넣어, 가다랑어 향을 세게 내도 좋다.

새우 다시

갑각류 껍질은 굽거나 볶아서 다시를 낸다. 여기서는 시로미소가 들어간 요리에 사용하기 위해, 보다 깊은 맛이 나도록 볶아서 낸다.

재료

보리새우(머리와 껍질)⋯ 4마리 분량
마늘(다진)⋯ 3g
생강(다진)⋯ 3g
1.5번 다시(p.34 참고)⋯ 600㎖
식용유⋯ 적당량

1 냄비에 식용유를 두르고, 마늘과 생강을 향이 날 때까지 볶는다. 이어 보리새우 머리와 껍질을 넣고 다시 향이 나도록 볶는다.

2 1에 1.5번 다시를 넣고 한소끔 끓이고 불순물을 완전히 걷어낸 후 10분 정도 약불에 보글보글 끓인다.

3 쿠킹페이퍼를 깐 체에 내린다

시로미소 싹눈파 시치미로 맛을 낸 구운 보리새우와 가지

갑각류와 잘 어울리는 시로미소로 맛을 낸다.

재료(4인분)

새우 시로미소 다시
┌ 새우 다시(위 참고)⋯ 400㎖
└ 시로미소⋯ 30g
보리새우⋯ 4마리
가지⋯ 2개
싹눈파⋯ 적당량
시치미⋯ 적당량

만드는 방법

1 새우 다시와 시로미소를 합쳐서 새우 시로미소 다시를 만든다.
2 보리새우는 날것 상태에서 머리와 껍질을 제거하고, 등쪽을 잘라서 펼친 후 꼬치에 끼워둔다(머리와 껍질은 다시에 사용한다).
3 가지는 직화로 구워서 껍질을 벗기고 30g씩 나눈다.
4 3의 구운 가지를 뜨거울 때 그릇에 담고, 윗면만 그을린 2의 보리새우를 반으로 잘라서 올린다. 1을 데워서 붓고 싹눈파를 올린 후 시치미를 뿌린다.

고하쿠

전복 다시

전복은 15~20분 정도 찌면 부드러워지지만, 전복 특유의 촉촉함과 조개다운 감칠맛을 내려면 시간이 더 걸린다. 또한, 취향에 따라 내장이 있는 채로 다시를 내면 더욱 깊은 맛이 난다.

재료

전복 … 1마리(500g)
A
- 물 … 700㎖
- 정종 … 조금
- 다시마(참다시마) … 5g
- 무(껍질 포함) … 50g
- 말린 관자 … 조금

＊ 전복은 살 표면을 흐르는 물에 가볍게 씻은 후, 내장과 함께 껍데기에서 분리한다. 끓는 물을 부어 살짝 데친다.

1 전복살(내장 포함)과 A를 냄비 또는 높이가 있는 트레이에 함께 넣고, 비닐랩을 씌워서 찜기에 올린 후 2시간 내외로 찐다.

2 1의 국물을 쿠킹페이퍼를 깐 체에 내려서 다시를 낸다(살과 내장은 요리에 사용한다).

영귤을 뿌린 전복소면

「다시를 먹는다」는 감각으로 즐길 수 있는 소면이다.

재료 (4인분)

전복 다시(위 참고) … 위에서 만든 분량
찐 전복살과 내장(위와 같이 다시를 낸 후의) … 1마리 분량
국간장, 맛술 … 조금씩
소면(건면) … 1인분 20g
영귤 … 1개

만드는 방법

1 위의 방법으로 찐 전복이 식으면 내장을 떼어낸다. 살을 반으로 자르고 다시 먹기 좋은 크기로 자른다. 내장은 가는 체에 내려둔다.

2 전복 다시를 냄비에 넣고 불에 올린다. **1**의 내장을 살짝 넣어 풀고 국간장과 맛술로 간을 한 다음 식힌다.

3 소면을 삶아 얼음물에 헹군 다음, 물기를 제거하여 그릇에 담는다. **2**를 붓고 **1**의 전복살을 올린다. 영귤 껍질을 갈아서 뿌린다.

고
하
쿠

자라 다시

자라 다시는 국물 내는 방법이 다양한데, 가게에서도 요리에 따라 만드는 방법을 달리하고 있다. 여기서는 자라 전골을 만드는 이미지로 감칠맛을 응축시키고, 채소의 감칠맛을 더했다. 이 밖에도 자라의 갑(등딱지)과 살 표면을 숯불에 한번 구워서 고소한 향을 더한 다음 다시마와 함께 물과 정종으로 끓이는 방법 등이 있다.

재료 (만들기 쉬운 양. p.41 요리의 약 20인분)

자라* … 1마리
물 … 2160㎖(12홉)
정종 … 720㎖(4홉)
생강(얇게 썬) … 20g
다시마(참다시마) … 25g
표고버섯(반으로 자른) … 2개 분량
대파(흰 부분을 적당한 크기로 자른) … 1줄기 분량
진간장 … 적당량

* 자라는 지느러미를 남기고 갑을 잘라낸 다음, 남은 내장을 제거하고 살을 자른다. 끓는 물을 부어 살짝 데친 후 얇은 껍질을 벗긴다.

1 분량의 물, 정종, 생강, 다시마를 함께 넣은 냄비에 자라살과 지느러미를 넣고, 불에 올린다. 끓으면 불순물을 걷어내고 매우 약한 불로 보글보글 끓인다(약 90℃로 50분~1시간 정도). 경우에 따라 중간에 한 번 불을 세게 올려 불순물을 걷어낸다.

2 1에 표고버섯과 대파를 넣고 다시 끓인다.

3 자라의 감칠맛이 나기 시작하면 진간장으로 간을 한다.

4 쿠킹페이퍼를 깐 체에 내린다(살과 지느러미는 요리에 사용한다).

파와 자라양념을 얹은 밥

다시를 낼 때 사용했던 자라살로 식감을 살린다.

재료(4인분)

자라양념
- 자라살과 지느러미(p.40처럼 다시를 낸 후의) … 적당량
- 자라 다시(p.40 참고) … 적당량

타피오카전분 … 적당량

찐 밥
- 찹쌀 … 120g
- 정종 … 40㎖

후구네기(잘게 썬) … 조금
생강즙 … 조금

만드는 방법

1. 자라양념_ 다시를 낸 후의 자라살에서 잔뼈를 제거하고, 손으로 찢는다. 지느러미는 가로세로 7㎜ 정도로 네모나게 썬다.
2. 자라 다시를 냄비에 넣고 끓인다. **1**의 자라살과 지느러미를 넣고, 물에 갠 타피오카전분을 더한 다음 저어서 걸쭉한 양념을 만든다.
3. 찐 밥_ 찹쌀은 씻어서 하룻밤 물에 담가둔다. 물기를 제거하여 20분 찐 후, 정종을 넣고 다시 20분 찐다. 1인분에 30g씩 나누어 놓는다.
4. **3**의 찐 밥을 데워서 그릇에 담고, **2**의 자라양념을 데워서 얹는다. 후구네기를 뿌리고 생강즙을 5방울 정도 떨어뜨린다.

닭과 유부 다시

다시마와 가다랑어 다시에 유부의 감칠맛과 닭고기의 감칠맛을 더했다. 이 다시로 순무, 무, 동아 등을 조려서 맛이 들면 깊은 맛의 조림이 된다. 어묵 같은 느낌이다.

재료
1.5번 다시(p.34 참고) … 1000㎖
닭다릿살 … 1/2장
유부 … 1/2장

1 닭고기는 가로세로 3㎝ 크기로 네모나게 썰고, 뜨거운 물을 부어 살짝 데친다. 유부는 뜨거운 물에 넣어 기름기를 뺀다.

2 1을 냄비에 넣고 1.5번 다시를 넣어 끓인다. 한소끔 끓으면 불순물을 걷어내고, 20분 정도 약불로 끓여서 감칠맛을 낸다.

3 쿠킹페이퍼를 깐 체에 내린다.

* 처음부터 순무를 넣고 조리는 경우에는 껍질을 벗긴 순무, 국간장, 맛술도 **2**에 같이 넣고 끓여서 닭고기와 유부의 감칠맛이 순무에 잘 배도록 한다.

다진 유자 순무조림

고기의 감칠맛이 더해지면 보다 깊은 맛이 난다.

재료(4인분)
순무 … 4개
조림국물
　┌ 닭과 유부 다시(위 참고) … 1000㎖
　│ 국간장 … 45㎖
　└ 맛술 … 30㎖
유자 … 1개

만드는 방법
1 순무는 세로로 껍질을 벗기고, 조림국물과 함께 냄비에 넣어서 한소끔 끓인 후 불을 끈다. 남은 열로 순무를 익힌다.

2 그릇에 따뜻하게 데운 **1**의 순무를 담고, **1**의 조림국물을 부은 후 다진 유자를 뿌린다.

고하쿠

돼지고기와 말린 관자 다시

돼지 삼겹살은 감칠맛이 강해서, 지방을 제거해도 깊은 맛이 나며 맑고 깔끔한 다시를 낼 수 있다. 다릿살이나 등심 등 다른 부위는 돼지냄새가 나고, 묵직한 느낌이 들 수 있기 때문에 삼겹살이 적당하다.

재료

1.5번 다시(p.34 참고)⋯1000㎖
돼지 삼겹살⋯100g
말린 관자⋯10g

1 돼지 삼겹살은 뜨거운 물을 부어 살짝 데친다.

2 냄비에 1.5번 다시, 말린 관자(다시에 말린 관자를 미리 담가두면 좋다), **1**의 돼지고기를 넣고 불에 올린다. 한소끔 끓이고, 불순물과 기름기를 확실히 걷어낸 다음 약불로 줄여서 20분 정도 끓인다.

3 국물에 맛이 나면 쿠킹페이퍼를 깐 체에 내린다.

다시의 과학

돼지고기는 닭고기에 비해 글루탐산이 적고 이노신산이 많다. 생고기는 30분 정도 가열하면 감칠맛 성분이 대부분 추출되기 때문에, 마이야르 반응이 필요하지 않다면 이 정도 시간으로 충분하다.

고하쿠

영귤 껍질과 은행 올린 송이버섯 수프

다양한 재료로 맛을 낸, 도빈무시(항아리 안에 여러 재료를 넣고 국물을 부어 끓인 요리)를 응축시킨 느낌의 요리다. 버섯류는 지방과 궁합이 잘 맞아, 지방으로 감칠맛을 더하면 깊은 맛이 더욱 돋보인다. 구운 송이버섯을 다시마, 가다랑어 다시와 합치면 주요 재료인 버섯의 장점이 드러나지 않는다.

재료(4인분)

돼지고기와 말린 관자 다시(p.44 참고) … 180㎖
송이버섯 … 120g
은행(튀긴) … 12알
영귤 … 1개
소금 … 조금
식용유 … 적당량

만드는 방법

1. 송이버섯은 한입크기로 썰어서 식용유를 두른 팬에 향이 날 때까지 볶는다.
2. 1을 믹서에 넣고 간다(송이버섯만 넣었을 때 믹서가 돌지 않으면 다시를 조금 넣는다). 돼지고기와 말린 관자 다시를 조금씩 넣어가면서 다시 간다.
3. 2를 냄비에 넣어 데우고, 소금을 살짝 넣어 간을 한다. 그릇에 담아, 은행 3알을 올리고 영귤 껍질을 갈아서 뿌린다.

「다니모토 多仁本」
다니모토 세이지

가게에서는 국물용으로 1번 다시, 조림용으로 2번 다시를 기본으로 사용하며, 여기에 자라 다시나 날치 다시, 전복 다시 등을 블렌딩한다. 한 코스 안에서 요리에 맞게 여러 종류의 다시를 나누어 사용하면서 변화를 주고 있다.

맛있는 다시에는 좋은 재료가 빠질 수 없다. 요리 재료만 좋은 것을 사용하고 다시가 맛이 없으면 의미가 없다. 가게에서는 다시마는 숙성한 것을, 1번 다시의 가다랑어포는 혼카레부시로 등 부분만 사용한다.

다니모토에서는 다시 뽑는 사람을 1명으로 정해두는 편이 좋다고 생각한다. 매일 같은 사람이 만들지 않으면, 감각이 달라져서 맛이 일치하지 않기 때문이다.

1980년 오사카 출생. 시가현의 고급 일본요리 식당에서 실력을 쌓고 독립했다. 개성 넘치는 좋은 가게들이 모인 도쿄 요츠야(아라키초)에서 2017년부터 「다니모토」를 운영했다. 카운터만 8석인 작은 가게이지만, 요리에서는 타협하지 않는 확실한 기술과 센스를 느낄 수 있다.
다시가 무엇보다 중요하다고 생각하여, 인정받은 좋은 재료들을 사용한다. 1번 다시는 리시리 다시마의 구라가코이를 물에 우려서 국물을 내고, 가다랑어포는 혼카레부시로 등 부분을 손님이 방문하기 직전에 깎아서 준비한다.

다시마 다시

참다시마를 사용하던 때도 있었지만, 단맛이 조금 강하다고 느껴져서 지금은 숙성시킨 리시리 다시마를 사용하고 있다. 이 다시마를 사용하면서 감칠맛이 제대로 나는, 인정받을 만한 좋은 다시마 다시를 내게 되었다. 다시마 다시를 가열하면 다시마의 좋지 않은 맛이 나오는 듯하여, 상온의 물에 우려내서 사용하고 있다.

재료

다시마(리시리 다시마)⋯35g
물(천연수)⋯1440㎖(약 8홉. 다시 맛에 따라 조절한다.)

다시마를 물에 담가 하룻밤 재운다.

1번 다시

가다랑어포는 손님이 도착하기 직전에 깎는다. 다시마 다시와, 지방이 적은 가다랑어포의 등 부분만을 사용하여 깔끔하고 맑은 국물을 낸다.

재료

다시마 다시(p.47 참고)···1260㎖(약 7홉)
물(천연수)···적당량(첨가용)
가다랑어포(혼카레부시. 등 부분)···1줌
＊ 가다랑어포는 바깥쪽을 모두 깎아내어 준비한다.

1 손님 예약시간 직전이 되면 가다랑어포를 얇게 깎기 시작한다.

2 얇게 깎은 가다랑어포.

3 다시마 다시에서 다시마를 건져내고, 냄비에 옮겨 끓인다. 끓기 직전까지 온도를 올리고 불순물을 걷어낸다.

4 불을 끄고 물을 넣고 온도를 75℃까지 낮춘다.

5 **2**의 가다랑어포를 넣는다.

6 20초 정도 지나면 쿠킹페이퍼를 깐 체에 내린다.

2번 다시

다시를 낸 후의 다시마에 새 다시마를 보충하고, 가다랑어포를 사용하여 만든다. 1번 다시만큼 향이 중요하지는 않기 때문에, 2번 다시는 그날 사용할 재료를 밑손질할 때 준비한다.

재료

다시마(p.47처럼 다시를 낸 후의 다시마+새 리시리 다시마)
　… 적당량
물(천연수) … 적당량
가다랑어포(지아이 제거. 게즈리부시) … 적당량

1 다시를 낸 후의 다시마를 냄비에 넣고 새 다시마를 넣는다. 잠길 만큼 물을 붓고 불에 올린다.

2 끓은 후 10분 정도 지나면 다시마를 건져낸다.

3 가다랑어포를 넣는다.

4 약불로 5~10분 끓인다.

5 쿠킹페이퍼를 깐 체에 내린다.

6 쿠킹페이퍼 가장자리를 안으로 접어 덮고, 국자로 눌러서 짠다.

히다규 가모가지 구조파 샤브샤브

기름으로 깊은 맛을 더한 가모가지와, 구조파의 단맛을 끌어낸 다시로 히다규를 즐긴다.

재료 (1인분)

소고기 등심(히다지방의 검은털 식용소인 히다규, 얇게 썬)
　　…40~50g
가모가지(둥글고 큰 교토산 가지)…1/6개
구조파(강한 향, 단맛, 매운맛이 잘 어우러진 교토산 파)…1줄기
2번 다시(p.49 참고)…적당량
맛술, 소금, 국간장…적당량씩
튀김기름…적당량
산초가루…조금

만드는 방법

1. 가모가지는 껍질을 벗기고 5~6등분하여 기름에 튀긴다. 2번 다시에 맛술, 소금, 국간장으로 간을 하고 가지와 함께 냄비에 넣어 2~3분 끓인다.
2. **1**의 냄비에 소고기와 알맞게 자른 구조파를 넣고 살짝 데운다.
3. **2**를 그릇에 담고 산초가루를 뿌린다.

와사비 은행 올린 장어 연근찜

2번 다시로 만든 양념을 듬뿍 얹는다.

재료

장어* … 적당량

장어 양념** … 적당량

은행(제철 바로 전에 나오는 은행) … 적당량

튀김기름 … 적당량

연근 … 적당량

2번 다시(p.49 참고) … 적당량

맛술, 소금, 국간장 … 적당량씩

칡가루 … 적당량

와사비(강판에 간) … 적당량

* 장어는 배를 갈라서 펼친 후, 진공팩에 넣고 1주일 정도 얼음과 함께 재워둔다.
** 장어 양념_ 구운 장어뼈 적당량, 맛술 810㎖, 진간장 468㎖, 다마리 간장 108㎖, 끓인 정종 90㎖를 넣어서 가열한다.

만드는 방법

1 장어는 양념하지 않고 구운 다음, 그대로 양념을 발라가며 굽는다.
2 겉껍질을 깐 은행을 튀김기름에 넣고 볶듯이 튀긴 후 속껍질을 벗긴다.
3 연근은 껍질을 벗겨서 강판에 갈고, 물기를 가볍게 제거한 다음 소금으로 간을 한다. 가볍게 모양을 잡아 쿠킹페이퍼를 깐 트레이에 올려서 찐다.
4 2번 다시를 데우고 맛술, 소금, 국간장으로 간을 한 후, 물에 갠 칡가루를 넣어 걸쭉한 양념을 만든다.
5 1의 장어가 다 구워지면, 먹기 좋은 크기로 썰어서 그릇에 담고 3을 올린다. 2의 은행을 올리고, 4의 양념을 부은 후 간 와사비를 얹는다.

갯장어 다시

1번 다시와 섞어서, 주로 국에 사용한다.

 +

재료

갯장어 가운데뼈 … 적당량
다시마 다시(p.47 참고) … 적당량
물(천연수), 정종, 소금 … 적당량씩

1 갯장어 가운데뼈는 소금을 뿌려 1시간 정도 그대로 둔 후, 끓는 물에 넣어 살짝 데친다.

2 얼음물에 담갔다 꺼내고, 물기를 제거한다.

3 다시마 다시를 냄비에 넣고 불에 올린다. 불순물을 걷어낸다.

4 3에 물과 정종을 적당량 넣고, 2의 갯장어 가운데뼈를 넣는다.

5 약불로 끓지 않게 30분 정도 보글보글 가열한다.

6 쿠킹페이퍼를 깐 체에 내린다.

다시의 과학

뼈에는 아미노산이 별로 없지만, 뼈에 붙은 근육의 아미노산 속 글루탐산이 뼈 다시의 감칠맛을 만들어낸다. 마구로스키미(참치뼈에 붙은 살로 만든 요리)처럼 의외로 뼈에 근육이 붙어 있어서, 거기에서 감칠맛이 나온다고 생각한다. 뼈에서 기대하는 것은 콜라겐이며, 뼈 골수도 지방이므로 향에 영향을 미친다.

다니모토

갯장어 동아 만간지국

갯장어 다시에 1번 다시를 합쳐서 감칠맛을 강하게 낸다. ⇨ p.208

전복 다시

껍데기에서 떼어낸 전복살을 2번 다시, 정종, 물과 함께 넣어서 찐다. 전복에 염분이 있기 때문에 소금은 필요 없다.

재 료

전복 … 적당량
물(천연수) … 적당량
2번 다시(p.49 참고) … 적당량
정종 … 적당량

1 전복은 흐르는 물에 수세미로 가볍게 씻은 후, 주걱으로 살을 껍데기에서 분리한다.

2 내장도 분리한다(여기서는 내장을 사용하지 않는다).

3 냄비에 전복살을 넣고, 물 1 : 정종 1 : 2번 다시 1 비율로 섞어 센불에 끓인다.

4 불순물이 나오면 걷어낸다.

5 김이 오른 찜기에 냄비째 넣고 3~5시간 찐다.

6 중간 상태. 어느 정도로 찔지는 전복의 단단함을 확인하여 판단한다.

7 다 쪘으면 냄비째 얼음물에 담가 식히면서 전복에 맛이 배게 한다. 국물은 다시로 사용한다.

다니모토

유자와 성게젤리를 얹은 전복과 가모가지

전복 내장을 따로 익혀서 소스로 만든 후, 전복 밑에 깔아도 좋다.

재료

가모가지 … 적당량
찐 전복(p.54처럼 다시를 낸 후의 전복살) … 적당량
생성게알 … 적당량
전복 다시(p.54 참고) … 적당량
튀김기름 … 적당량
2번 다시(p.49 참고) … 적당량
국간장, 맛술, 소금, 식초, 판젤라틴 … 적당량씩
청유자 … 적당량

만드는 방법

1 가모가지는 껍질을 벗기고 5~6등분으로 썰어서 튀김기름에 튀긴다. 이어 2번 다시, 맛술, 소금, 국간장을 합친 국물에 넣고 2~3분 정도 익힌 후 식힌다.
2 찐 전복살을 먹기 좋은 크기로 썬다.
3 전복 다시를 데워서 국간장, 맛술, 소금, 식초로 간을 하고, 불린 젤라틴을 녹인 후 식혀서 젤리를 만든다.
4 **1**과 **2**를 그릇에 담고, 성게알을 올린 후 **3**의 젤리를 얹고 청유자를 뿌린다.

자라 다시

다시마 등은 넣지 않고 자라만으로 다시를 낸다.

재료

자라* … 1마리
물 … 1440㎖(8홉)
정종 … 1080㎖(6홉)
국간장 … 적당량

* 자라는 손질하고 씻는다.

1 자라살, 지느러미, 갑에 뜨거운 물을 부어 살짝 데치고, 얇은 껍질을 벗긴다.

2 냄비에 물과 정종을 붓고 불에 올린다. 끓으면 **1**을 넣는다.

3 불순물을 걷어가며 센불로(가끔씩 약불로 조절한다) 30분 정도 끓인다.

4 오래 끓여서 수분이 줄어들면 물을 보충한다.

5 살이 부드러워지고, 투명해지기 시작하면 국간장을 넣는다.

6 다시 10분 정도 끓인다.

7 냄비째 얼음물에 담가 급랭한다. 쿠킹페이퍼를 깐 체에 내린다.

자라와 햇생강 솥밥

다시 낸 후의 자라를 잘게 다지고, 자라 다시와 함께 밥을 짓는다. 자라를 알뜰하게 전부 사용하는 요리다. ⇨ p.208

날치 다시

구워서 건조시킨(야키보시) 날치로 낸 다시다. 가게에서는 면요리에만 사용한다.

재료

날치 야키보시 … 적당량
2번 다시(p.49 참고) … 적당량
진간장 … 적당량
맛술 … 적당량
국간장 … 적당량
끓인 정종 … 적당량
가다랑어포 … 적당량

1 날치 야키보시는 내장을 제거하여 2번 다시와 함께 냄비에 넣고, 반나절 재운 후 끓인다.

2 10분 정도 가열하여 맛이 나면 진간장, 맛술, 국간장, 끓인 정종을 넣는다.

3 가다랑어포를 넣고 바로 불을 끈다.

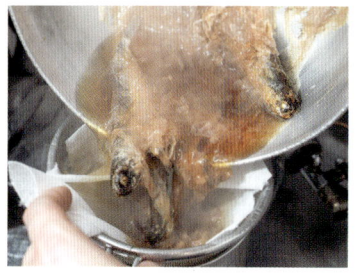

4 쿠킹페이퍼를 깐 체에 내린다.

5 쿠킹페이퍼의 가장자리를 안으로 접어 덮고 위에서 국자로 눌러 짠다.

다시의 과학

날치 니보시는 멸치 니보시 못지않게 글루탐산과 이노신산을 함유하고 있어, 강한 감칠맛을 가진 다시가 된다. 야키보시의 경우에는 지방이 어느 정도 줄어들지만, 굽는 동안 마이야르 반응과 지방산화 반응이 일어나서 멸치 니보시보다 풍미가 강하다. 다시에 독특한 풍미가 생기므로, 잘 사용하면 특별한 요리가 된다.

싹눈파를 얹은 오리 무화과 소면

다시 맛이 매우 훌륭하다. 코스에 면요리로 넣어 강약을 조절한다.

재료

- 오리 가슴살 … 적당량
- 무화과 … 적당량
- 한다면(쫄깃한 식감의 일본 소면) … 적당량
- 유자후추 … 적당량
- 날치 다시(p.58 참고) … 적당량
- 끓인 정종, 진간장, 맛술 … 적당량씩
- 싹눈파 … 적당량

만드는 방법

1. 오리 가슴살은 껍질쪽을 프라이팬에 구워서 기름기를 완전히 제거한다.
2. 끓인 정종 3 : 진간장 0.9 : 맛술 0.5 비율로 냄비에 함께 넣어 중탕한다. **1**의 오리고기를 넣고, 중간에 몇 번 뒤집어가며 15분 정도 끓인다.
3. **2**의 오리고기와 국물을 각각 나눠서 식힌다. 식으면 오리고기를 다시 국물에 반나절~하루 동안 재우고 맛이 배도록 한다.
4. 무화과는 껍질을 벗기고 센불로 구운 다음, 먹기 좋은 크기로 자른다.
5. **3**의 오리고기를 먹기 좋은 크기로 자르고, 씹기 좋게 양면에 잔 칼집을 낸다. 뒷면에 유자후추를 조금 바른다.
6. 한다면은 삶아서 찬물에 헹군 다음, 얼음물에 담가서 쫄깃하게 만든다. 물기를 빼고 **4**, **5**와 함께 그릇에 담는다. 차가운 날치 다시를 붓고 싹눈파를 올린다.

「데노시마 てのしま」
하야시 료헤이

데노시마의 1번 다시는 가후카산 리시리 다시마와, 외줄낚시로 낚은 가다랑어로 만든 가다랑어포를 사용해 만든다. 다시마도 가다랑어포도 가능한 적게 써서, 상승효과를 잘 이용하여 손님이 만족할 만한 다시를 만들려고 한다.

  일본요리, 그중에서도 다시에 있어 다시마는 꼭 필요한 재료다. 다시마에 의지하지 않고 국물을 내기란 현재 어려운 상황이다. 그런데 이런 다시마가 해마다 줄어들고 있다는 사실이 잘 알려지지 않고 있다. 이제 다시마가 없어진다는 사실을 전제로, 새로운 다시나 요리를 생각하지 않으면 안 되는 단계까지 와 있다고 생각한다.

  오픈 초기에 이리코(니보시) 다시를 강하게 내세우려고 했던 것은 이곳만의 특색을 갖추고 싶었기 때문이지만, 다시는 다시마와 가다랑어포만으로 만드는 것이 아니라는 생각도 있었다. 지방에는 그곳만의 다시가 있고, 거기에도 관심을 가져달라는 메시지이기도 하다. 언젠가는 하야시 집안의 본가가 있는 가가와현 데시마에서 가게를 열 생각이다. 도시에서 배운 조리기술을 이용하여 향토요리를 다시 살리는 것이 나의 역할이고, 그렇게 살려낸 요리야말로 다음 시대의 일본요리가 아닐까 생각한다.

1976년 가가와현 마루가메시에서 태어나 오카야마현에서 자랐다. 교토의 유명가게 「기쿠노이」에서 무라타 요시히로에게 사사를 받고, 요리수업을 받으며 음식에 관한 다양한 경험을 쌓았다. 17년 동안 근무 후 독립하여 2018년 도쿄 아오야마에 「데노시마」를 오픈했다.
손님이 만족하고 자기 자신도 자랑할 만한 다시를 내기 위해, 원가를 절감하면서 효율적으로 만드는 방법을 날마다 연구하고 있다. 다시마에 지나치게 의존하고 있는 일본요리의 현 상황에 위기의식을 가져, 다시마를 사용하지 않은 새로운 다시의 가능성도 찾고 있다.

감칠맛 조합표

「데노시마」 다시의 감칠맛 조합을 정리하여 그림으로 표현했다.

다시마를 사용하는 경우와 사용하지 않는 경우로 먼저 나눌 수 있는데, 다시마를 사용하는 경우가 압도적으로 많다. 다시마를 사용하는 경우, 다시마 이외의 어떤 감칠맛과 조합하느냐에 따라 그림과 같이 나뉜다. 다시마를 사용하지 않는 다시에는 생햄 다시와 토마토 다시가 있다. 해당 다시를 사용한 이 책에 실린 요리를 참고하자.

동물성단백질에서 낸 다시의 조리법

날생선이나 고기, 뼈 등에서 다시를 낼 경우, 아래와 같은 표를 머릿속에 넣고 다시 내는 방법을 하나의 패턴으로 기억해 두면 응용이 쉬워진다. 어떤 패턴을 선택해야 할까? 최종적으로 어떤 요리를 만들고 싶은지부터 생각해보자.

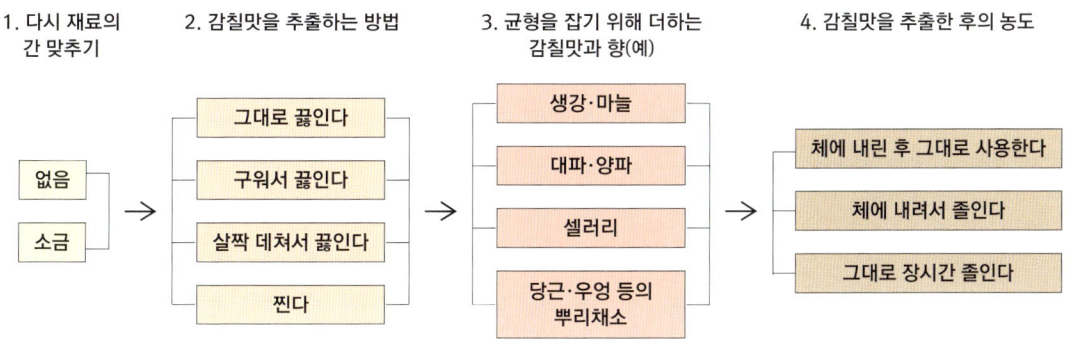

다시마 다시

주로 1번 다시나 다른 다시의 베이스로 사용한다. 다시마는 가후카산 리시리 다시마로, 3등급이지만 충분히 맛있는 국물을 낼 수 있다. 다시마의 풍미는 별로 요구되지 않기 때문에, 어떻게 적은 양의 다시마로 최대한의 감칠맛을 추출할까. 그 생각을 하면서 다시 내는 방법을 모색하다가 떠오른 방법이다.

재료

다시마(가후카하마산 리시리 다시마 3등급)…15g
물…1000㎖

1 전날에 다시마를 분량의 물과 함께 냄비에 넣고, 뚜껑을 덮어 상온(20℃ 이하인 경우)에 하룻밤(8~12시간) 그대로 둔다.

2 1의 뚜껑을 열고 불에 올려 62~63℃까지 가열한다.

3 2의 뚜껑을 덮고, 스팀 컨벡션 오븐(65℃, 습도 100%)에서 1시간~1시간 반 끓인다.

4 가열이 끝난 상태.

5 다시마를 건져낸다.

다시의 과학

감칠맛 성분인 글루탐산이나 그 밖의 아미노산은 수용성이기 때문에, 상온의 물에서도 시간이 지나면 녹아나온다. 65℃ 정도까지 가열하면 다시마 조직이 어느 정도 파괴되는데, 어차피 상온의 물에 우려내는 단계에서 대부분의 성분이 모두 빠져나온다. 또한 향은 가열에 의해 많은 화학반응이 일어나므로, 향을 원하지 않는다면 100℃까지 가열하지 않는 편이 알맞다.

1번 다시

가다랑어포는「다이코」(도쿄 하루미)에서 취급하는, 근해 외줄낚시로 잡아 지아이를 제거한 혼카레부시를 사용하고 있다. 이 가다랑어포가 아니면 이 방법으로 다시를 내지 않는다. 끓여도 신맛이나 떫은맛 등의 잡미가 생기지 않는 것은, 옛날 그대로의 제조법으로 정성껏 가공한 혼카레부시 덕분이다.

완성된 다시는 매우 맑고, 탁하지 않다. 끓이기 때문에 이노신산도 제대로 추출된다. 결과적으로 가다랑어포의 양도 줄일 수 있다. 개인적으로 1번 다시에 원하는 것은 깔끔한 감칠맛, 어딘가 튀지 않는 깨끗하고 은은한 감칠맛이다. 이것이 이상적인 1번 다시다.

가게에서는 주로 국에 사용하고 있는데, 잡미가 생기지 않아 이것으로 고구마 등을 오래 삶아도 떫은맛 등이 나지 않는다. 그만큼 요리의 가능성도 폭넓어진다고 볼 수 있다.

재료

다시마 다시(p.62 참고) … 1000㎖
가다랑어포(근해 외줄낚시로 잡은 혼카레부시) … 15g

1 다시마 다시를 불에 올려 끓인다.

2 1에 가다랑어포를 넣는다.

3 약불로 5분 가열한다.

4 불을 끈다.

5 체를 2개 겹쳐서 내린다.

* 촘촘한 체에 다시 촘촘한 체를 겹쳐서 사용한다.

6 다시 재료를 위에서 눌러 짠다.

다시의 과학

5분 동안 끓인 다음 다시 재료를 눌러서 짜면, 가다랑어포의 감칠맛 성분인 이노신산뿐 아니라 가다랑어포에 포함된 히스티딘 등의 아미노산(신맛과 떫은맛을 준다)도 추출된다. 이를 느끼지 못하는 것은, 감칠맛의 상승효과 덕분에 감칠맛이 강하게 느껴져 잡미가 억제되기 때문이라 생각한다.

이리코 다시

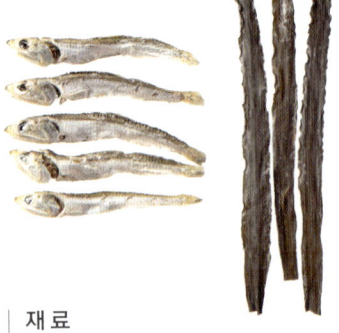

이리코 다시를 가게만의 개성 중 하나로 만들고 싶어서 내기 시작했다.

「야마쿠니」(가가와현)의 이리코 덕분에 자신 있게 다시를 만들 수 있었다.

먹었을 때 맛있는 생선과, 다시 재료로 좋은 생선은 일치하지 않는다. 가다랑어와 멸치도 마찬가지다. 지방은 산화하면 냄새의 원인만 되기 때문에 다시에는 필요가 없다. 그렇다고 지방이 전혀 없는 생선이 좋은 것은 아니다. 다시 재료에 맞는 생선의 선별이 중요하다. 여기서 사용하는 이리코는 품질이 정말 뛰어나다.

다시를 내기 전에 전자레인지로 돌리면 건어물 냄새가 사라진다. 가다랑어포같이 훈제하지 않기 때문에 대신 이런 과정이 필요하다. 팬에 볶는 것보다 쉽고 시간도 단축된다.

재료

이리코(세토 내해 히우치나다산) … 11g
 (아가미와 내장을 제거한 무게)
다시마(가후카하마산 리시리 다시마 3등급) … 15g
물 … 1000㎖

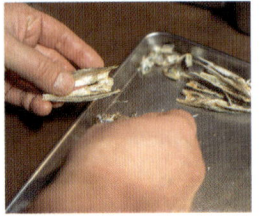

1 전날에 이리코를 밑손질한다(머리를 떼고, 아가미와 내장을 제거한 후 살을 둘로 나눈다).

2 아가미와 내장은 제거하고, 살과 머리 부분을 사용한다.

3 살과 머리 부분을 합쳐서 무게를 재고 600W 전자레인지에 45초 돌린 후, 섞어서 다시 45초 돌린다.

4 3의 이리코와 다시마를 분량의 물과 함께 냄비에 넣고 뚜껑을 덮은 후 상온(20℃ 이하인 경우)에 하룻밤(8~12시간) 둔다.

5 뚜껑을 열고 직화로 62~63℃까지 가열한다.

6 뚜껑을 덮고 스팀컨벡션오븐(65℃, 습도 100%)에 1시간~1시간 반 가열한다.

7 뚜껑을 열고 직화로 한소끔 끓여서, 이리코와 다시마 냄새를 미리 제거한다.

8 체에 내린다.
* 촘촘한 체에 다시 촘촘한 체를 겹쳐서 사용한다.

> **다시의 과학**
>
> 이리코의 감칠맛 성분은 이노신산이기 때문에 다시마의 글루탐산과 함께 사용하여, 감칠맛이 강하게 느껴지도록 상승효과를 이용한다. 이리코는 지방산화 냄새가 나기 쉬우므로, 보관할 때 산화하지 않도록 밀폐하는 일이 중요하다. 조리할 때도 천천히 가열하면 지방산화가 일어날 가능성이 높아진다. 그런 이유에서 전자레인지로 단번에 가열, 건조시키면 저장 중에 생기는 지방산화물질을 휘발시키는 동시에 지방산화할 시간을 주지 않을 수 있고, 지방산화 냄새도 새롭게 발생하지 않는다.

이리코 다시 온면

이리코 다시(p.64)는 이리코를 다시마와 함께 가열하여 이리코의 독특한 풍미와 함께 다시마 냄새가 일부러 나도록 만든다. 깔끔한 맛 속에 다양한 맛을 넣어서 강력한 다시를 내는 것이 목표다.
이 다시의 맛을 있는 그대로 맛보게 하려면 심플한 소면이 적합하다. ⇨p.209

데노시마

능성어 다시

조개 다시나 갑각류 다시도 마찬가지이지만, 어패류 다시는 오래 끓이지 않도록 한다. 15~20분이면 충분하며 30분 이상 끓이면 냄새가 많이 난다. 농도를 높이고 싶다면 체에 내린 액체만 졸여도 좋다.

재료

능성어뼈(어느 정도 살이 붙은 참능성어의 뼈)… 200g
다시마 다시(p.62 참고)… 1000㎖
생강(얇게 썬)… 15g
정종… 50㎖

1 능성어는 비늘을 긁어내고 물로 씻는다. 전체에 뜨거운 물을 붓고, 얼음물에 담가서 식힌다.

2 물기를 닦고 산마이오로시(3장뜨기)를 한다(뼈는 다시에, 살은 요리에 사용한다).

3 능성어뼈를 가로세로 5㎝ 크기로 네모나게 자르고, 핏물과 불필요한 점액질을 꼼꼼히 제거한다.

4 3을 쿠킹페이퍼를 깐 철판에 펼쳐 올리고, 스팀컨벡션 오븐(260℃, 습도 50%)에 10분 굽는다.

5 완성. 전체에 구운 색이 든다.

6 5의 뼈를 냄비에 담고 다시마 다시, 생강, 정종을 넣어서 불에 올린다.

7 15분 정도 보글보글 끓인 후, 불을 끄고 30분 정도 그대로 둔다.

8 7을 다시 끓인다. 끓기 시작하면 쿠킹페이퍼를 깐 체에 내린다.

9 얼음물에 받쳐 급랭하고, 굳은 지방분은 걷어낸다.

다시의 과학

생선뼈 다시는 가운데뼈처럼 피 성분이 많은 부분을 사용하기 때문에 지방산화 냄새가 나기 쉽다. 따라서 피 성분을 완전히 제거하는 일이 중요하다. 또한 마이야르 반응이 일어날 때까지 가열하면, 마이야르 반응의 향이 비린내를 잘 느끼지 못하게 돕는다. 프랑스요리에서는 허브 등을 많이 이용하지만, 신선한 생선을 사용할 수 있다면 이 처리방법으로 비린내를 느끼지 않게 만들 수 있다.

샤브샤브 스타일의 능성어회

온기가 있는 능성어회에 능성어 다시의 감칠맛을 입힌다.
능성어 다시에는 젤라틴질이 녹아 있기 때문에 살에 확실히 밴다. ▷ p.209

새우 다시

저렴한 냉동 단새우를 통으로 사용한다. 버터 등의 동물성 지방은 사용하지 않고, 채소 풍미를 살짝 더한다. 기름은 생참기름을 사용하며 양은 가능한 적게 사용한다.

요리의 국적은 향과 식후 느낌에 의해 결정되는 것 같다. 일본의 향이 떠오르고, 식후 느낌이 가볍다면 일본요리라고 볼 수 있지 않을까. 이를 위해서도 다시에서 지방을 가능한 배제해야 한다. 단새우에서 나오는 기름이나 볶을 때 사용하는 기름은 마지막에 걸러낸다.

재료

단새우 … 500g
양파 … 250g
셀러리 … 55g
당근 … 90g
토마토 … 125g
정종 … 500㎖
다시마 다시(p.62 참고) … 2500㎖
생참기름 … 50㎖

1 단새우를 철판에 넓게 올리고, 스팀컨벡션 오븐(260℃, 습도 50%)에 9분 정도 노릇하게 굽는다.

2 **1**을 통으로 푸드프로세서에 갈아서 다진 상태로 만든다.

3 양파, 셀러리, 당근, 토마토는 가로세로 1㎝ 크기로 네모나게 썬다. 냄비에 생참기름을 두르고 양파, 셀러리, 당근을 넣어 촉촉해질 때까지 골고루 볶는다.

4 **3**에 토마토를 넣고 볶은 후 모두 들통냄비로 옮긴다.

5 채소를 볶은 냄비를 다시 불에 올리고, **2**를 넣어 골고루 볶는다.

6 전체가 고소해지고 향이 나면, 정종을 넣어서 냄비 바닥의 눌어붙은 부분을 떼어낸다.

7 **6**을 채소를 담은 들통냄비에 옮긴다.

8 다시마 다시를 붓는다. **9** 25분 동안 끓인다. **10** 쿠킹페이퍼를 깐 체에 내린다. **11** 체 가운데를 위에서 눌러 확실히 짠다.

다시의 과학

단새우는 심해에 서식하기 때문에 단백질 분해효소가 많고, 죽은 후에는 원래 가진 효소에 의해 근육단백질이 분해되어 글리신이나 알라닌 등 단맛이 나는 아미노산이 많이 생성된다. 따라서 단맛이 나고, 동시에 마이야르 반응도 쉽게 일어나서 굽는 정도에 주의가 필요하다. 양파나 당근에는 포도당도 많아, 새우를 볶는 과정에서도 마이야르 반응이 쉽게 일어난다. 따라서 타기 직전의 순간을 잘 판단해야 고소한 다시를 얻을 수 있다. 정종을 넣어서 냄비 바닥에 눌어붙은, 마이야르 반응 생성물을 떼어내는 과정(프랑스 요리에서는 「데글라세」라고 한다)도 중요하다.

새우죽

시로미소와 함께 비스크(갑각류를 사용해 만드는 진하고 크리미한 수프) 스타일로 만든다. 먹으면 비스크 같으면서도 매우 가벼운 느낌을 받는다. 번듯한 일본요리의 완성이다.

임팩트가 있는 새우 다시는 여기서처럼 조금만 사용하거나 소스 등에 사용하는 편이 좋다.
⇨ p.210

닭 다시

껍질과 지방 모두 제거한 가슴살을 사용한다. 다른 다시와 마찬가지로 지방은 필요 없다고 생각하여 철저히 제거했다. 다시마와 정종의 감칠맛이 느껴지는 닭 다시다. 다른 감칠맛을 더하기 위해 말린 표고버섯을 넣었지만, 조금이기 때문에 다시를 마셔도 표고버섯 맛은 나지 않는다.

재료

다시마·말린 표고버섯 다시* … 1000㎖
정종 … 50㎖
닭가슴살 다짐육(샤모. 껍질, 지방을 제거하고 다진) … 150g
닭 중간날개 … 200g
생강 … 20g

* 다시마·말린 표고버섯 다시_ 물 1000㎖에 다시마 15g, 말린 표고버섯 5g을 전날부터 담가 두었다가 p.62의 다시마 다시와 같은 방법으로 낸다.

1 닭날개는 오븐시트를 깐 철판에 올리고, 구운 색이 들 때까지 오븐에 굽는다.

2 냄비에 닭고기 다짐육을 넣는다. 차갑게 식힌 다시마·말린 표고버섯 다시에 정종과 생강을 넣은 후 붓고, 섞는다.

3 **2**에 **1**의 닭날개를 넣고 가열한다.

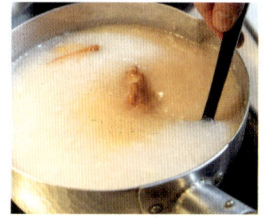
4 타지 않도록 가끔씩 바닥을 저어준다.

5 살짝 졸인다.

6 쿠킹페이퍼를 깐 체에 내린다.

7 체 가운데를 위에서 눌러 확실히 짠다. 다시를 한번 냉각시켜 지방분을 굳힌 후, 다시 걸러서 지방분을 제거한다.

다시의 과학

닭은 다릿살보다 가슴살 쪽이 감칠맛 성분도 많고 지방도 적어 다시에 적합하다고 생각한다. 다진 고기를 차가운 상태부터 가열하면, 다진 고기의 단백질이 천천히 응고됨과 동시에 탁해진 지방을 감싸고 위로 떠오르기 때문에 걷어낼 수 있다. 따라서 맑은 국물을 만들 수 있다.

닭고기 완자 메밀국

도쿠시마현의 향토요리 「메밀죽」을 국으로
만들었다. 닭 다시만으로는 세련된 맛이
나지 않기 때문에 1번 다시를 넣어서
고급스러운 느낌을 더했다. ⇨p.210

데노시마

돼지 다시

요리에 사용하는 재료에서 낸, 자라 다시와 같은 스타일의 육수다.

지방이 많은 삼겹살을 사용하지만, 나온 지방은 모두 굳혀서 제거하므로 육수에서 지방이 느껴지지 않는다.

재 료

돼지 삼겹살(덩어리)···800g
다시마 다시(p.62 참고)···2700㎖
정종···540㎖
생강(껍질째 두껍게 슬라이스한)···50g
마늘···1톨

1 삼겹살은 3등분 정도로 자르고, 오븐시트를 깐 철판에 올려서 스팀컨벡션 오븐(230℃, 습도 30%)에 13분 동안 굽는다.

2 압력솥에 모든 재료를 넣는다.

3 뚜껑을 덮고 40분 동안 가열한다.

4 얼음물을 받치고 식혀서 지방을 굳힌다.

5 굳은 지방을 걷어내고 쿠킹페이퍼를 깐 체에 내린다.

6 돼지고기를 건져내고(고기는 요리에 사용한다) 냄비 속 육수를 모두 **5**의 체에 내려서 돼지 육수를 낸다.

다시의 과학

돼지고기의 맛은 고기 부분의 아미노산과 지방의 향, 콜라겐의 걸쭉함에 있다. 콜라겐은 지방부분에도 많기 때문에 삼겹살을 사용하면 이들 성분을 뽑아낼 수 있다. 다만, 콜라겐을 장시간 가열하면 수용성이 되고 젤라틴화한다. 그래서 압력솥으로 온도와 압력을 높여 단시간에 콜라겐을 젤라틴화해야 한다. 지방이 육수에 섞이면 탁해지기 때문에, 냉각시켜 응고된 지방을 제거해서 육수에 지방의 향만 남게 한다.

데
노
시
마

배추절임 통돼지조림

진한 돼지고기에 배추절임의 새콤함이 잘 어울린다. ▷p.211

지비에 다시

멧돼지뼈와 다진 고기를 사용하고, 사슴의 살코기로 감칠맛을 보충했다. 마늘은 육수를 마셔도 느끼지 못할 정도만 넣어, 풍미를 끌어올리는 데만 사용한다. 멧돼지도 지방이 많은 고기여서 지방을 완전히 제거하는 일이 중요하다. 지비에도 좋은 것을 사용하면 냄새가 나지 않는다.

졸이면 마이야르 반응에 의해 응축된 느낌이 나는데, 이번 요리에는 그렇게 응축된 느낌이 필요없기 때문에 어느 정도 우려냈을 때 체에 내린다. 채소 껍질이 있으면 넣어도 좋다. 특히 뿌리채소류가 좋은 육수를 내며, 야생의 느낌이 강한 고기와 궁합이 잘 맞고 감칠맛에 다양한 맛을 더한다.

맛이 강한 고기도 포인트를 잘 잡으면 일본요리 느낌의 육수를 낼 수 있다.

재료

다시마 다시(p.62 참고) … 2000㎖
정종 … 500㎖
멧돼지뼈 … 500g
멧돼지 다짐육 … 200g
사슴 다짐육 … 100g
생강(얇게 썬) … 50g
마늘 … 1톨
채소 껍질(무와 긴토키당근*) … 적당량
말린 표고버섯 … 5개

*긴토키당근_ 길이가 긴 교토의 특산물.

데노시마

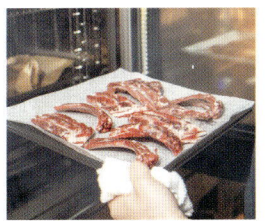 1 멧돼지뼈는 쿠킹페이퍼를 깐 철판에 펼쳐 올리고, 스팀컨벡션 오븐(260℃, 습도 50%)에 10분 동안 굽는다.

 2 뼈를 꺼낸다.

 3 빠져나온 기름은 용기에 모아둔다.

 4 멧돼지 다짐육과 사슴 다짐육은 각각 쿠킹페이퍼를 깐 철판에 펼쳐 올리고, 스팀컨벡션 오븐(260℃, 습도 50%)에 10분 동안 굽는다.

 5 구운 다짐육.

 6 빠져나온 고기즙은 3에 넣는다.

 * 3의 용기에 모아둔 액체는 급속냉각기에서 냉각시키고, 굳은 지방을 걷어낸 후 완성한 육수에 다시 넣는다.

 7 2의 뼈와 5의 2가지 다짐육을 냄비에 넣는다.

 8 다시마 다시를 넣는다.

 9 정종, 생강, 마늘, 채소 껍질, 말린 표고버섯도 넣고 센불로 끓인다.

 10 끓으면 불을 약하게 줄이고, 보글보글 끓도록 불을 조절하여 가열한다.

 11 불순물을 걷어 내면서 40~50분 정도 끓인다.

 12 쿠킹페이퍼를 깐 체에 내린다. 완성한 육수를 얼음물에 받쳐서 냉각시킨 후, 한 번 더 걸러 굳은 지방을 제거한다.

멧돼지 어묵

무와 당근을 각각 익힌 후, 마지막에 전골 다시를 붓고
멧돼지 츠쿠네(완자)를 올린다. 푸짐한 모둠요리이지만
요리이름을 「어묵」으로 붙여, 특별한 날의 요리를 일상요리로 표현했다.

재료

무(껍질을 제거한) … 40g(1인분) × 8조각

A
- 지비에 다시(p.74 참고) … 500㎖
- 소금(우미노세이) … 6g
- 맛술 … 7.5㎖

긴토키당근 … 15g(1인분) × 8조각

B
- 지비에 다시(p.74 참고) … 100㎖
- 긴토키당근 다시* … 100㎖
- 국간장 … 20㎖
- 맛술 … 10㎖

멧돼지 츠쿠네(만들기 쉬운 양)
- 멧돼지 다짐육 … 500g
- 멧돼지 고기(가로세로 7㎜로 깍둑썰기한) … 400g
- 멧돼지 지방(가로세로 7㎜로 깍둑썰기한) … 300g
- 소금(우미노세이) … 15.5g

C
- 생강(다진) … 50g
- 대파(다진) … 50g
- 염장 생흑후추(다진) … 15g
- 사쿠라미소(마메미소의 일종으로, 검붉고 부드러운 질감의 미소) … 20g

전골 다시
- 무를 익힌 후의 다시와 지비에 다시를 합치고, 소금과 국간장으로 간을 하여 염분 농도를 1.05~1.08%로 조절한다.
- 밭미나리(줄기 부분을 1㎝ 길이로 자른) … 1인분 10g
- 시치미 … 1인분 0.5g

* 긴토키당근 다시
① 긴토키당근의 껍질과 꼭지를 푸드프로세서로 다진다.
② 다시마 다시 10 : ①의 당근 1 비율로 냄비에 넣고, 10분 정도 끓인 후 체에 내린다.

만드는 방법

1 무를 익힌다. 껍질을 벗겨서 40g씩 나누고 모서리를 다듬은 후 내열용기에 넣는다. A의 지비에 다시를 더한 다음 스팀컨벤션 오븐(98℃, 습도 100%)에 1시간 가열한다. 무가 부드러워지면 A의 소금과 맛술을 넣고, 다시 5분 정도 가열한 다음 30분 정도 상온에 둔다. 식혀서 하룻밤 그대로 둔다.

2 긴토키당근을 익힌다. 긴토키당근은 껍질을 벗겨 굵게(15g) 마구썰기한다. 내열용기에 넣고 B의 지비에 다시와 긴토키당근 다시를 더한 다음, 스팀컨벡션 오븐(98℃, 습도 100%)에 15분 가열한다. 당근이 부드러워지면 B의 국간장과 맛술을 넣고, 그대로 15분 정도 상온에 둔다. 식혀서 하룻밤 그대로 둔다.

3 멧돼지 츠쿠네를 만든다. 차게 둔 멧돼지 다짐육, 깍둑썰기한 고기와 지방에 소금을 치고, 끈기가 생길 때까지 재빠르게 치댄 후 C를 넣어 다시 섞는다. 1개에 15g으로 성형한다.

4 작은 냄비에 데운 **1**의 무와 **2**의 당근을 1조각씩 넣은 다음, 전골 다시를 80㎖ 정도 붓고 끓인다.

5 **3**의 츠쿠네는 스팀컨벡션 오븐(85℃, 습도 100%)에 8분 동안 가열한다.

6 **4**는 끓으면 불에서 내린 후 **5**의 츠쿠네를 2개씩 올린다. 밭미나리를 넣고 시치미를 뿌린다.

데노시마

생햄 닭 다시

다시마에 의존하지 않는 다시를 고민하다가 내기 시작한 다시 중 하나다.

생햄은 감칠맛만 필요하므로 불필요한 지방은 제거한다.

재료

생햄(슬라이스. 지방을 제거한) … 15g
닭가슴살 다짐육(껍질, 힘줄, 지방을 제거한 가슴살) … 100g
물 … 950㎖
정종 … 50㎖
생강(껍질째 두껍게 슬라이스) … 1톨 분량

* 생햄은 저렴한 프로슈토로 괜찮다.
** 생강 대신 드라이토마토 3g을 더하면 균형이 더욱 좋아진다. 이 경우에는 분량의 물에 드라이토마토를 전날부터 담가둔 다음, 아래와 같은 방법으로 만든다.

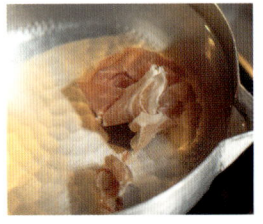

1 냄비에 물, 정종, 생햄, 생강을 넣는다.

2 닭고기 다짐육을 풀어서 넣고, 불에 올린다.

3 고기가 눌어붙지 않도록 가끔씩 조심스럽게 저어 준다.

4 보글보글 끓도록 불을 조절하여 2~3분 가열한다.

5 쿠킹페이퍼를 깐 체에 내린다.

6 체 가운데를 위에서 눌러 짠다. 다시는 얼음물로 받쳐서 식히고, 지방이 굳으면 다시 체에 내린다.

다시의 과학

생햄은 장기간 숙성시키면 효소에 의해 단백질이 분해되어 글루탐산이 많이 생성된다. 다만 염분이 포함되어 많이 넣으면 짠맛이 강해지므로, 위 방법처럼 닭고기를 함께 넣은 다음 감칠맛 상승효과를 이용하여 다시를 완성해도 좋다.

데노시마

순무찜

다시의 맛을 잘 살린 심플한 요리.

재료

순무 … 2개
생햄 닭 다시(p.78 참고) … 200㎖
국간장 … 20㎖
소금(우미노세이) … 1g
마지야쿠리 치즈(요시다목장 제품) … 조금
유자 껍질(잘게 썬) … 조금

만드는 방법

1. 순무는 육각기둥 모양으로 잘라서 내열용기에 담고, 생햄 닭 다시를 붓는다. 쿠킹페이퍼로 위가 밀착되게 씌우고 뚜껑을 덮어 스팀컨벡션 오븐(98℃, 습도 100%)에 부드러워질 때까지 20분 정도 가열한다.
2. 1에 국간장과 소금을 넣고 녹으면 식혀서 반나절~하루 동안 간이 배게 둔다.
3. 2를 다시 데워서 다시와 함께 그릇에 담는다. 유자를 올리고 마지야쿠리 치즈를 갈아서 뿌린다.

토마토 다시

다시마를 사용하지 않고 토마토만으로 만든 글루탐산이 풍부한 다시다.

재료

토마토 … 적당량
소금(우미노세이) … 토마토 무게의 0.5%

1. 토마토는 꼭지를 떼고, 무게의 0.5%에 해당하는 소금과 함께 푸드프로세서로 갈아서 퓌레 상태를 만든다. 쿠킹페이퍼를 깐 체에 내린다(자연스럽게 내려진 즙을 모은다).

* 체에 남은 토마토 퓌레는 단식초 젤리 등과 합쳐서 토마토 젤리를 만들어 사용해도 좋다.

다시의 과학

토마토는 글루탐산을 함유한 채소로 유명하다. 토마토만으로 다시를 내어 사용할 수 있는 농도로 글루탐산을 얻어내면, 신맛과 토마토의 향이 강하게 난다. 같이 사용하는 재료에 따라 활용 범위가 넓다.

토마토 양념 삼치숯불구이

글루탐산이 풍부한 양념과 함께 삼치를 먹으면 입안에서 상승효과가 일어난다.

재료

삼치 … 1인분 50g
소금 … 삼치 무게의 1.2%
토마토 양념(만들기 쉬운 양)
┌ 토마토 다시(위 참고) … 100㎖
│ 물 … 100㎖
│ 이시루(간장 이전부터 사용해온 발효 어간장) … 15㎖
└ 물에 갠 칡가루 … 20㎖
토마토(뜨거운 물과 찬물에 번갈아 넣은 다음 껍질을 벗기고, 듬성듬성 자른) … 15g(1인분)
차조기(가로세로 7mm로 깍둑썰기한) … 적당량
레몬 껍질(가로세로 5mm로 깍둑썰기한) … 적당량

만드는 방법

1. 삼치는 50g만큼 잘라서 소금을 뿌리고, 납작한 꼬치에 꽂아 상온에 1시간 둔다. 껍질을 센불로 노릇하게 굽고, 얼마 동안 그대로 둔 후 살 표면을 센불에 살짝 굽는다. 이 과정을 몇 번 반복하여 속이 레어인 상태로 완성한다. 반으로 자른다.
2. 토마토 양념을 만든다. 토마토 다시를 물로 묽게 만들어서 냄비에 넣고 가열한다. 이시루를 넣어 간을 맞추고, 물에 갠 칡가루를 넣어 걸쭉하게 만든다.
3. 그릇에 **1**의 삼치를 담고 **2**의 양념을 얹는다. 듬성듬성 자른 토마토, 차조기, 레몬 껍질을 뿌린다.

데노시마

081

「기야마 木山」

기야마 요시로

손님 앞에서 가다랑어포를 깎아 블렌딩하고, 다시마 다시와 합친 다음 국물을 낸다. 이것이 기야마 1번 다시의 스타일이다. 물은 가게 안에 있는 우물물을 사용하고 있다. 이 물 덕분에 이곳만의 다시를 만들 수 있다.

다시마는 레분섬 가후카산의 리시리 다시마를, 포는 가다랑어포(아라부시, 혼카레부시)와 참치포를 합쳐서 사용한다. 비율은 포의 상태, 물과 다시마의 상태, 만들려는 국의 재료에 따라 결정한다.

가게에는 이 3가지 포 각각의 오부시(등 부분)와 메부시(배 부분)를 항상 준비하고 있다. 오부시와 메부시의 맛 차이를 자주 묻는데, 어느 쪽이 어떻다기보다 가다랑어 개체에 따른 차이가 더 크다고 본다. 포는 모두 햇볕에 말린 것이므로 당연히 말리는 과정에 따라서도 맛이 달라진다.

이처럼 포에 차이가 있기 때문에, 블렌딩하지 않으면 다시가 전부 그 포 하나만의 맛이 되어 버린다. 신맛이 강한 포를 사용하면 신맛이 강한 다시가, 짠맛이 강한 포를 사용하면 짠맛이 강한 다시가 된다. 블렌딩하여 균형을 잡으면 최대한 이상적인 다시에 가까워질 수 있다. 물론 더할 나위 없는 좋은 균형을 가진 포라면, 그것을 메인으로 사용해도 좋다.

가게에서는 가다랑어포(아라부시, 혼카레부시)와 참치포를 항상 30개 정도씩 모아둔다. 따라서 어떤 포가 들어오든, 어떤 재료가 들어오든 더하거나 빼거나 하여 조절할 수 있다.

1981년 기후현 출생. 19살에 교토의 「와쿠덴」에 입사하여 6년 후 25살의 나이로 교토역 내에 오픈한 「하시타테」의 셰프가 되었다. 29살에 「교토 와쿠덴」의 셰프로 취임, 총 16년 동안 근무한 후 독립했다. 2017년 「기야마」를 오픈했다.
이곳의 큰 특징은 손님 앞에서 포를 깎고 다시를 내는 스타일이다. 여기에는 일본의 식문화를 계승하려는 의도도 담겨 있다. 다시마와 포의 구입처는 「와쿠덴」 시절부터 계속 거래해온 곳이다.

다시마 다시

레분섬 가후카산 리시리 다시마(「오쿠이카이세이도」 구라가코이 3년산)를 사용한다. 저장고에 재우면 다시마 냄새와 비린내가 제거된다.

재료

다시마(리시리 다시마)⋯65~70g + 25~30g
물(우물물)⋯5000㎖

1 냄비에 분량의 물과 65~70g의 다시마를 넣고 불에 올린다.

2 85℃에서 1시간 15분 동안 끓인다. 맛이 나면 다시마를 건져낸다.

3 끓여서 불순물을 걷어낸다.

4 불을 끄고, 25~30g의 다시마를 다시 넣어 15~30분 그대로 둔 후 맛을 확인한다. 다시마를 건져낸다.

다시의 과학

리시리 다시마는 참다시마나 라우스 다시마보다 글루탐산이 적지만, 향의 특징 때문인지 교토요리에 즐겨 사용한다. 다시마를 재우면 감칠맛 성분은 늘어나지 않으나, 다시마 냄새와 비린내 성분이 날아가 줄어드는 동시에 마이야르 반응이 진행되어 다시마에 고소한 향이 생긴다.

기야마

포 깎기

영업 전에 준비해둔 포

모든 포는 영업 전에 깎을 면을 정리해둔다. 그리고 손님 앞에서 인원수만큼 포를 깎고 다시를 낸다. 포는 「대패로 맛을 내는」 느낌으로 깎는다. 대패로 맛조절을 하는 감각이다. 포의 선택과 배합, 대패 조절이 잘 어우러지면 조미료에 의지하지 않아도 맛을 알맞게 낼 수 있다.

    포마다 단단함(수분량)과 지방량이 다르다. 깎을 때는 당연히 단단한 포는 힘이 들어가며, 부드러운 포는 힘을 빼게 된다. 일반적으로 포는 비스듬히 깎는다. 이 방법의 장점은 깎는 면적이 작아서 힘이 들어가지 않고 손실이 없다는 것이다. 그러나 개인적으로 같은 무게라도 면이 넓은 가다랑어포 쪽이 맛있는 다시가 나온다고 생각하기 때문에, 그렇게 깎고 있다. 또한 포는 머리쪽과 꼬리쪽의 맛이 다르기 때문에 길게 깎아야 맛이 고르게 된다. 단점은 힘이 필요하다는 것과 버리는 부분이 많이 생긴다는 것, 그리고 대패가 잘 들지 않으면 이렇게 깎을 수 없다는 것이다. 대패 칼날의 두께와 잘 드는 정도는 매우 중요하다. 포가 얇아지면 옆면을 깎고, 마지막에 가늘게 남는 부분은 업자가 기계로 깎아주면 그것을 받아 직원용 식사에 사용한다.

    게즈리부시(얇게 깎은 포)의 두께는 얇거나 두껍다고 좋은 것이 아니다. 같은 포라도 두께에 따라 느낌이 달라지며 그것이 그대로 다시의 맛 차이가 되기 때문에, 두께에 따라 맛을 조절할 수 있다. 구체적으로 말해서 강한 맛의 포는 얇게, 고급스러운 포는 조금 두껍게 깎아서 거친 느낌을 더한다. 포와 깎는 방법 모두 다시의 맛을 결정한다고 볼 수 있다.

1번 다시(국용)

가다랑어포   가다랑어포   참치포
(혼카레부시·배 부분) (아라부시·등 부분) (등 부분)

포는 가다랑어포(아라부시, 혼카레부시)와 참치포를 블렌딩하여 사용하는데, 이 3가지 포가 각기 역할이 다르다. 다시 말해 담당하는 맛과 향의 지점이 다르다. 예를 들어, 그릇 뚜껑을 열 때 하늘하늘 피어오르는 향은 곰팡이가 없는 가다랑어포(아라부시)가 담당하며, 맛의 긴 여운은 혼카레부시가 담당한다. 그리고 부드러움과 단맛을 더해서 전체를 하나로 모아주는 것이 참치포의 역할이다. 그래서 이들을 블렌딩하면 깊은 맛이 나며, 조미료로 간을 할 필요가 거의 없다.

갓 뽑은 1번 다시는 작은 잔에 담아 손님에게 제공한다. 다시의 가장 좋은 향을 손님 스스로 즐기도록 하는 것이다.

다시마를 주재료로 할지 아니면 개운함을 주는 데 활용할지는 계절과 재료 등에 따라 조절하는데, 여기서는 옥돔국에 사용하기 위해 풍미가 튀지 않도록 가다랑어포는 약간 줄여서 사용한다. 만약 어린죽순 조림 등을 만든다면 가다랑어를 약간 늘릴 것이다.

재료(1인분)

다시마 다시(p.83 참고) … 약 150㎖
- 다시마(리시리 다시마) … 65~70g + 25~30g
- 물(우물물) … 5000㎖

게즈리부시(가다랑어포〈아라부시〉, 가다랑어포〈혼카레부시〉, 참치포를 블렌딩한) … 총 8~10g

* 다시마 다시 약 150㎖와 게즈리부시 8g을 합쳐서 걸러내면 120~130㎖의 다시를 얻는다. 이것이 국 1인분에 사용하는 양이다.

1 p.83와 같이 다시마 다시를 낸다.

2 3가지 포를 얇게 깎는다.

3 80~90℃로 달군 다시마 다시에, **2**에서 깎은 포의 비율을 정한 다음 계량하며 넣는다(포에 붙어 있는 작은 찌꺼기를 최대한 털어낸 다음 넣으면 탁해지지 않는다). 깎은 포를 넣은 후에는 불에 올리지 않는다.

4 1~2분 그대로 두고, 맛을 확인한 후 쿠킹페이퍼를 깐 체에 내린다.

옥돔 순무국

국은 재료에 따라 국물이 완전히 달라진다. 여기서는 옥돔의 감칠맛과 순무의 단맛이 있기 때문에 다시는 가다랑어가 너무 튀지 않도록, 다시마를 중심으로 참치포에 혼카레부시를 더한다. 아라부시는 그릇 뚜껑을 열었을 때 향을 내는 역할이 전부이므로, 아주 조금만 넣는다.

재료

옥돔 ··· 적당량
쇼고인 순무(교토의 전통 품종) ··· 적당량
유채꽃 ··· 적당량
유자 껍질 ··· 적당량
1번 다시(p.85 참고) ··· 적당량
절임액(1번 다시에 정종, 소금, 국간장으로 간을 한)
  ··· 적당량
소금, 정종, 국간장, 칡가루 ··· 적당량씩

만드는 방법

1 물로 씻은 옥돔을 산마이오로시(3장뜨기)하여 뼈를 발라내고, 소금을 뿌려서 간이 밸 때까지 두었다가 자른다.
2 유채꽃은 깨끗이 씻은 후 썰어서 데치고, 물기를 제거하여 절임액에 재운다.
3 유자 껍질은 잘게 썬다.
4 쇼고인 순무는 지름 9㎝ 정도의 원기둥이 되도록 껍질을 벗긴다. 1㎜ 정도 두께로 슬라이스하여 데친 후 물기를 빼서 절임액에 담근다.
5 **1**에 칡가루를 묻히고, 뜨거운 물에 살짝 담갔다가 얼음물에 넣은 후 물기를 제거한다. 트레이에 옮긴 다음 정종을 뿌리고, 100℃에서 5분 동안 찐다.
6 그릇에 **5**, **2**, **3**을 담고 **4**를 얹는다.
7 1번 다시를 데우고 정종, 소금, 국간장으로 간을 한 후 **6**에 붓는다.

기야마

은어 다시

일본요리의 기본은 탁하지 않은 다시를 내는 것이지만, 은어 다시는 뽀얗게 내고 있다. 포인트는 가운데뼈를 굽는 것(비린내를 없애고 고소함을 더한다), 그리고 센불로 끓이면서 꼼꼼히 불순물을 걷어내는 것이다.

재료

은어 가운데뼈 … 20마리 분량
물(우물물) … 600㎖
정종 … 200㎖
다시마(리시리 다시마) … 10g

다시의 과학

은어는 도미나 광어에 비해 글루탐산이 많다. 숯불에 구우면, 마이야르 반응의 고소한 향을 가진 다시가 된다.

1 은어는 등을 갈라서 펼치고, 가운데뼈를 발라낸다(살은 소금을 뿌려서 하룻밤 절인 후 요리에 사용한다).

2 은어 가운데뼈를 숯불에 굽는다.

3 타기 쉬우므로 여러 번 뒤집으면서 양면을 노릇하게 굽는다.

4 3의 가운데뼈를 냄비에 넣고 분량의 물, 정종, 다시마를 넣어 불에 올린다.

5 중간에 불순물을 걷어낸다(다시가 탁해지므로 불순물을 확실히 걷어낸다).

6 20분 정도 보글보글 끓인다.

7 불에서 내리고, 그대로 식힌다.

8 쿠킹페이퍼를 깐 체에 내린다.

9 8을 다시 불에 올리고, 약간 더 졸인다.

반건조 은어와 누룽지

뽀얗게 낸 은어 다시로 양념을 만들어 중국요리인 누룽지탕처럼 완성했다. 단, 참기름 등의 기름은 넣지 않는다.

재료

반건조 은어 … 적당량

누룽지 … 적당량

다카가미네 고추(부드럽고 단맛을 가진 교토 다카가미네산 고추)
　　… 적당량

은어 다시(p.88 참고) … 적당량

국간장, 소금 … 적당량씩

칡가루 … 적당량

절임액(1번 다시〈p.85 참고〉에 정종, 소금, 국간장으로 간을 한다)
　　… 적당량

튀김기름 … 적당량

만드는 방법

1. 반건조 은어는 양면을 숯불에 굽는다.
2. 다카가미네 고추는 씨를 털어내고 180℃의 튀김기름에 살짝 튀긴 후 절임액에 담가 둔다.
3. 200℃로 달군 튀김기름에 누룽지를 튀긴다(낮은 온도의 기름에 튀기면, 쌀이 부풀기 전에 타 버리므로 주의한다).
4. 3의 누룽지, 먹기 좋게 자른 1, 둥글게 자른 2를 따뜻한 그릇에 담는다. 은어 다시를 데워서 국간장과 소금으로 간을 하고, 물에 갠 칡가루로 걸쭉하게 만들어 붓는다.

매오징어 다시

매오징어는 감칠맛이 매우 강하다. 겉모습이 평범한 재료이므로, 다시용으로 어떻게 그 맛만 얻어낼 수 없을까 생각하여 만들게 되었다.

재료

매오징어 … 300g
물(우물물) … 1ℓ
다시마(리시리 다시마) … 5g

1 데친 매오징어는 눈, 입, 연골을 제거하고 알맞게 자른다.

2 1을 냄비에 넣고 물을 부은 후 다시마를 넣는다. 불에 올린다.

3 끓으면 불순물을 걷어낸다.

4 불을 약하게 줄여서 20~30분 끓인 후 맛을 확인한다.

5 국물에서 맛이 나면 쿠킹페이퍼를 깐 체에 내린다.

기야마

찐 전복과 매오징어 다시로 지은 밥

매오징어 다시를 사용하면, 모양은 찾아볼 수 없어도 매오징어 맛이 나는 밥이 완성된다.

재료

되직하게 지은 밥 … 적당량
매오징어 다시(p.90 참고) … 적당량
부드러운 전복조림(p.211 「동아와 여름조개」참고) … 적당량
우구이스나(교토의 특산 채소) … 적당량
국간장 … 적당량
다시마 다시(p.83 참고) … 적당량(필요한 만큼)
절임액(1번 다시(p.85 참고)에 정종, 소금, 국간장으로 간을 한다)
   … 적당량

만드는 방법

1 우구이스나는 데쳐서 절임액에 담근다.
2 부드러운 전복조림은 적당한 크기로 썬다.
3 되직하게 지은 밥을 냄비에 담고, 매오징어 다시를 간신히 잠길 만큼 붓는다. 주걱으로 밥알이 흩어지도록 풀어준다.
4 3의 냄비를 불에 올리고, 밥주걱으로 전체를 충분히 섞어가며 중불에 끓인다(찹쌀이 속까지 부풀고, 끈기가 조금 생길 정도까지 졸이면 맛이 좋다).
5 4를 다 졸이기 전에 간을 보고, 국간장으로 간을 한다(맛이 진할 경우 다시마 다시로 조절한다).
6 5를 그릇에 담고, 데워둔 1과 2를 붓는다.

조개내장 다시

조개는 감칠맛이 강한 재료다. 손질한 후에 남는 간이나 외투막 등의 사용하지 않는 부분으로도 맛있는 다시를 낼 수 있다.

재료

조개(새조개, 재첩, 왕우럭조개, 키조개, 골뱅이) 내장과 외투막
    … 2개 분량씩
정종, 물(우물물) … 적당량씩(같은 양)

1 조개는 껍데기에서 살을 발라내 손질하고 살, 내장, 외투막을 분리한다(살은 요리에 사용한다).

2 1의 내장과 외투막을 냄비에 함께 넣는다.

3 정종과 물을 1:1로 섞고, 전체가 충분히 잠기도록 2에 부은 후 불에 올린다.

4 중간에 불순물을 걷어내며 불을 조절하여 20~30분 보글보글 끓인다.

5 맛이 나면 불에서 내려 그대로 식힌 후, 쿠킹페이퍼를 깐 체에 내린다.

동아와 여름조개

동아에는 감칠맛이 강한 다시가 어울린다.
닭 다시나 장어 다시도 좋지만,
조개 다시와의 궁합이 가장 좋다고 생각한다.

▷ p.211

기야마

자라 다시

자라는 살도 요리에 사용하는 경우와 다시만 사용하는 경우, 각각 다시 내는 방법이 조금 다르다. 살을 먹는 경우에는 물과 정종의 양을 줄여서 살에 맛이 배게 하지만, 가게에서는 자라를 다시 내는 데만 사용하기 때문에 맛을 전부 끌어내는 방법으로 만든다. 잘라서 펼칠 때, 탁해지는 원인인 지아이와 껍질을 깔끔히 제거하고 끓일 때도 불순물을 꼼꼼히 걷어내는 일이 매우 중요하다.

재료

자라 … 1마리(약 800g)
물(우물물), 정종, 진간장 … 적당량씩
* 자라는 나가사키현 시마바라산으로 양식한 것을 사용한다. 800g의 암컷.

자라를 잘라서 펼친다

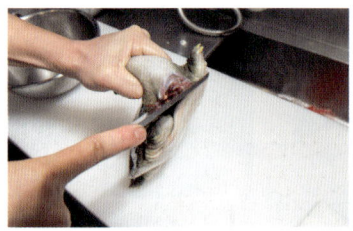

1 목을 잘라낸다.

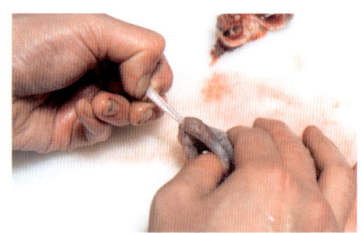

2 식도를 뽑아낸다.

3 지느러미는 남겨두고, 갑에 둥글게 칼집을 넣는다.

4 갑 안쪽을 분리할 수 있게 칼을 집어넣는다.

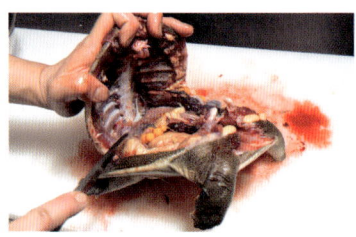

5 갑을 분리한다.

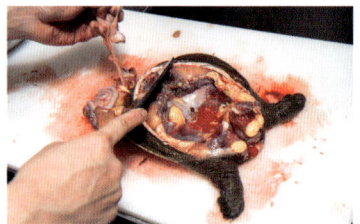

6 여분의 내장과 지아이를 제거한다(지방은 맛을 내는 성분이므로 어느 정도 남긴다).

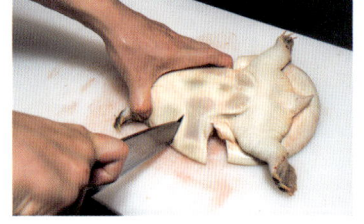

7 배갑의 좌우 2곳씩 칼집을 넣는다.

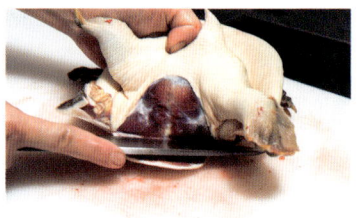

8 가운데 둥근 부분을 잘라낼 수 있게 칼을 넣는다.

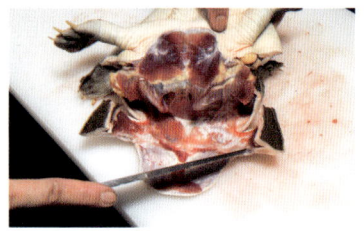

9 배갑을 칼로 누르고, 왼손으로 살을 당겨서 분리한다.

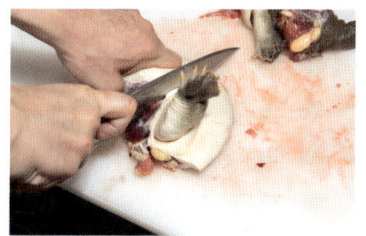

10 다리를 잘라 분리한다..

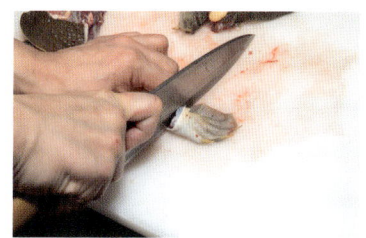

11 발끝을 잘라낸다.

12 잘라서 펼친 자라.

자라 다시

1 잘라서 펼친 자라를 물에 담가서 핏물을 뺀다.

2 80℃의 뜨거운 물에 살짝 데친다.

3 껍질을 벗긴다.

4 배갑도 같은 방법으로 살짝 익힌다.

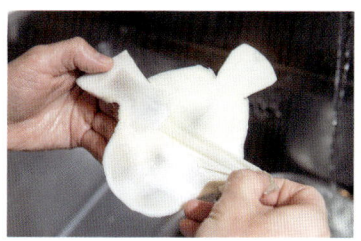

5 껍질을 벗긴다.

6 밑손질한 자라를 냄비에 넣고 물과 정종을 넣는다.

7 센불에 올리고, 끓으면 10분 동안 끓인다. 나오는 불순물을 계속 걷어낸다. 처음에는 피가 섞여 나왔던 붉은색 불순물이 점점 하얘진다(여기서 불순물을 깨끗하게 걷어내지 않으면 투명한 다시를 얻을 수 없다).

8 불순물이 나오지 않으면 약불로 줄이고, 다시 15~20분 정도 끓인 후 진간장을 조금 넣는다.

9 불을 끈다. 이대로 하룻밤 냉장고에 둔 다음 굳은 것을 사용한다.

대게와 자라젤리

다이기항~하마사카에서 들어오는, 잡자마자 바로 삶은 대게를 사용한다. 탁하지 않게 깊은 맛을 낸 자라 다시는, 젤라틴을 사용하지 않고 조린 다음 굳혀서 사용한다. 굳은 정도를 조절하는 과정이 포인트다.

재료

대게(1~1.2㎏, 잡자마자 바로 삶은)⋯적당량
자라 지느러미(p.95처럼 다시를 낸 후의)⋯1마리 분량
자라 다시(p.94 참고)⋯2ℓ
국간장, 진간장⋯적당량씩
생강(생강채)⋯조금

만드는 방법

1 p.95의 자라 다시를 낸 재료에서 지느러미를 모두 골라낸다(지느러미에 살이 붙어있으면 국물이 탁해지므로 주의한다).
2 냄비에 물 1ℓ와 1의 지느러미를 넣고 불에 올려서 물이 1/3 정도 될 때까지 중불에 졸인다. 거름망으로 거른다(지느러미는 건져낸다).
3 다른 냄비에 2ℓ의 자라 다시를 넣고, 2의 다시를 더한다.
4 3의 냄비를 불에 올리고 진간장과 국간장으로 간을 한다. 용기에 옮기고, 냉장고에 하룻밤 식혀서 굳힌다.
5 잡자마자 바로 삶은 대게는 살을 발라서 생강채와 버무린다.
6 그릇에 5의 대게와 2의 지느러미를 담고, 굳은 4를 스푼으로 떠서 올린다.

치즈 다시

매년 스페인 카탈루냐의 요리사와 이벤트를 진행하는데, 그때 배운 다시다. 치즈 특유의 강한 향과 감칠맛을 부드럽게 만든 다음, 달걀과 함께 먹으면 좋다. 일식에 사용할 경우에는 치즈로 파르미자노가 가장 잘 어울린다고 생각한다.

재료

파르미자노 레자노 치즈(진공포장하지 않은*) … 100g
물(우물물) … 1ℓ
* 치즈는 진공포장하지 않는 편이 맛있다.

1 파르미자노 레자노 치즈를 가로세로 5mm 크기로 네모나게 자른다.

2 1을 냄비에 담고, 분량의 물을 붓는다.

3 비닐랩으로 밀봉하여 불에 올린다. 약불로(또는 스팀컨벡션 오븐에 90℃로) 1시간 가열한다.

4 3을 불에서 내리고 그대로 두어 충분히 식힌다. 쿠킹페이퍼를 깐 체에 내린다.

5 치즈의 감칠맛이 나는 다시 완성.

다시의 과학

파르미자노 레자노 치즈는 글루탐산이 매우 많아, 이탈리아에서도 브로도(다시)에 겉껍질 부분을 넣기도 한다. 여기서는 치즈 자체를 끓여서 글루탐산을 추출하고 다시를 내는데, 치즈로 낸 다시는 염분이 있다는 점이 문제다. 치즈의 소금 함량에 따라 다시의 추출 정도도 달라지기 때문에 염분을 체크하는 일이 중요하다. 파르미자노 레자노 외의 치즈에도 글루탐산이 많으므로, 요리에 따라 알맞은 풍미의 치즈를 선택하면 좋다.

기 야 마

성게와 파르미자노 반숙찜

치즈 다시로 감칠맛을 더한 달걀찜. 양념에도 치즈 다시를 사용한다.

재료

- 달걀 … 1(비율)
- 치즈 다시(p.98 참고) … 2.5(비율)
- 국간장, 소금 … 적당량씩
- 수송나물 … 적당량
- 칡가루 … 적당량
- 절임액(1번 다시〈p.85 참고〉에 정종, 소금, 국간장으로 간을 한다) … 적당량
- 생성게알 … 적당량
- 차조기꽃이삭 … 조금

만드는 방법

1. 달걀 1 : 치즈 다시 2.5 비율로 섞고, 국간장과 소금으로 간을 하여 체에 거른다.
2. **1**을 틀에 붓고 스팀컨벡션 오븐에 찐다. 남은 열을 제거한 다음, 냉장고에서 식힌다.
3. 수송나물은 데쳐서 물기를 제거하고 절임액에 담근다.
4. 치즈 다시를 냄비에 넣어 불에 올리고, 소금과 국간장으로 간을 한다. 물에 갠 칡가루를 넣어 걸쭉하게 만든 후 얼음물을 받쳐서 식힌다.
5. **2**를 틀에서 꺼내 그릇에 담는다. 성게알을 올리고 그 위에 **4**를 부은 후, 앞쪽에 **3**의 수송나물을 얹는다. 차조기꽃이삭을 뿌린다.

옥수수 다시

옥수수속대에 물과 다시마를 더하여 끓인다. 제대로 끓이면 마치 설탕을 넣은 듯 단맛 나는 다시가 된다.

재 료

옥수수속대(홋카이도산 골드러시) … 5개
물(우물물) … 적당량
다시마 … 15g

＊옥수수는 겉의 푸른 껍질을 떼어내고 찐다. 식으면 알맹이를 칼로 잘라낸다(알맹이는 요리에 사용한다). 옥수수속대는 길이를 반으로 나눈다.

1 옥수수속대를 냄비에 넣고, 물을 잠길 만큼 부은 후 다시마를 더한다.

2 1을 불에 올리고 보글보글 끓도록 불을 조절하여 30분 정도 가열한다(비닐랩으로 밀폐하면 좋다). 불순물이 나오면 중간에 걷어낸다.

3 맛을 확인하고, 제대로 맛이 나면 불을 끈다(가열시간은 어디까지나 기준이므로, 반드시 맛을 확인한다). 쿠킹페이퍼를 깐 체에 내린다.

경단 옥수수수프(디저트)

불필요한 재료를 넣지 않고 옥수수속대만으로 낸 다시와 알맹이를 간 주스, 얇은 껍질도 남김없이 사용한 말 그대로 옥수수 디저트다.

재 료

옥수수(골드러시) 알맹이 … 적당량
옥수수 다시(위 참고) … 적당량
백옥분 … 적당량

만드는 방법

1 옥수수 알맹이는 녹즙기로 짜서, 즙과 얇은 껍질로 나눈다.
2 1의 얇은 껍질은 쿠킹페이퍼를 깐 트레이에 얇고 고르게 올린 다음, 가스레인지 위 등에 두어(또는 저온의 오븐에) 바삭해질 때까지 건조시킨다.
3 볼에 1의 즙과 식힌 옥수수 다시를 넣고 섞는다.
4 백옥분 12g에 물을 약 8㎖ 넣고 반죽하여, 7g 경단 3개를 만든다. 옥수수 다시에 삶고 (옥수수 풍미가 배게 한다) 따로 준비해둔 찬 옥수수 다시에 담근다.
5 3을 그릇에 붓고 4의 경단을 넣은 후, 2의 얇은 껍질을 올린다.

기
야
마

101

버섯 다시

버섯과 다시마에 물을 붓고 천천히 가열하면, 감칠맛이 강하고 걸쭉한 다시를 낼 수 있다. 사용하는 버섯은 7종류다. 나도팽나무버섯과 갈색팽이버섯은 걸쭉함을 위해 반드시 넣는다. 단, 너무 많이 넣으면 균형이 깨지므로 주의가 필요하다.

다시를 낸 후의 버섯은, 맛이 빠져나갔기 때문에 그대로 사용할 수 없다. 사용하려면 다시와 함께 양념 등으로 사용하면 좋다.

재료
버섯(백령느타리, 나도팽나무버섯, 잎새버섯, 느타리버섯, 땅찌만가닥버섯, 팽이버섯, 갈색팽이버섯*) … 1팩씩
물(우물물) … 적당량
다시마 … 15g

*계절에 따라 꽃송이버섯을 넣으면 맛이 좋다.

1 버섯은 밑동을 잘라내고 알맞은 크기로 자른다.

2 1을 냄비에 넣고, 잠길 만큼 물을 붓는다. 다시마를 넣고 불에 올린다.

3 끓으면 불순물을 걷어내고, 비닐랩으로 밀폐한 후 보글보글 끓도록 불을 조절하여 2시간 정도 가열한다.

4 가열 후(다시마는 맛이 나면 건져낸다).

5 쿠킹페이퍼를 깐 체에 내린다.

6 걸쭉하고 감칠맛이 풍부한 다시 완성.

다시의 과학
생버섯은 구아닐산이 아니라 글루탐산이 감칠맛 성분이다. 버섯은 향이 중요하기 때문에, 취향에 맞는 향을 가진 버섯을 선택한다.

기야마

버섯 다시로 맛을 낸 털게와 풋콩두부

깊고 든든한 버섯 다시에 풋콩의 향과 참깨두부의 깊은 맛을 더하고, 털게의 감칠맛으로 마무리한다.

재료

풋콩두부
- 풋콩, 소금, 물, 정종, 칡가루,
- 참깨 페이스트, 국간장 … 적당량씩

털게 … 적당량

석이버섯 … 적당량

양념국물(1번 다시〈p.85 참고〉를 데워서 정종, 소금, 국간장으로 간을 한다)
 … 적당량

버섯 다시(p.102 참고) … 적당량

소금, 국간장 … 적당량씩

만드는 방법

1 풋콩두부_ 풋콩을 끓는 소금물에 데쳐 껍질에서 꺼내고, 가는 체에 내려 페이스트를 만든다.
2 볼에 물, 정종, 칡가루, 참깨 페이스트를 넣고 거품기로 골고루 섞는다.
3 2를 고운 거름망에 내려서 냄비에 담는다.
4 3의 냄비를 센불에 올려 젓고 조금 걸쭉해지면 약불에 20분 정도 나무주걱으로 반죽한다.
5 반죽이 끝나기 직전에 1을 넣고 섞는다(풋콩 페이스트는 오래 가열하면 색이 바래지므로 주의한다). 소금과 국간장으로 간을 한다.
6 5를 틀에 붓고, 하룻밤 냉장고에 두어 굳힌다.
7 털게는 100℃에 40분 동안 찌고, 내장을 꺼낸 후 살을 발라낸다.
8 석이버섯은 물에 불린 다음, 밑동을 제거하여 손질한 후 데쳐서 양념국물에 넣고 끓인다.
9 6을 잘라서 데우고, 따뜻하게 데운 7의 게살, 8의 석이버섯과 함께 그릇에 담는다. 털게 내장을 위에 올린다. 버섯 다시를 데우고, 소금과 국간장으로 간을 하여 붓는다.

「일본요리 스이 日本料理 翠」
오야 도모카즈

어디까지나 베이스는 1번 다시이지만, 매달 1가지 정도 특별한 다시를 코스에 넣고 있다. 발효를 도입하거나, 다양한 일본식 허브를 사용하여 향에 뉘앙스를 더하는 등 새로운 시도를 하고 있다.

    일본요리는 서양요리에 비해 압도적으로 향이 적지만, 어떻게든 일본요리다운 허브를 사용하고 싶어서 찾아낸 것이 시가현 이부키산의 일본허브다. 본래 일본 재래 품종으로, 일본요리에 넣어도 위화감 없이 어울린다.

1979년 시마네현 출생. 미술고등학교 디자인과에서 일본화를 전공했다. 2000년에 오사카의 고급일식집 「기가와」에서 견습을 거쳐 독립했고, 오사카 히가시신사이바시에 「스이」를 오픈했다.
다른 장르의 셰프 등 다른 사람과의 관계를 통해 얻은 지식이나 정보를 활용하면서 강렬한 인상의 요리로 손님에게 즐거움을 주고 있다. 1번 다시는 참다시마와 혼카레부시를 사용하며, 가열방법이나 시간 등은 필요에 따라 발전시켜 나가고 있다.

다시마 다시

참다시마로는 감칠맛이 강한 다시가 나오기 때문에, 감칠맛이 너무 많이 나지 않게 하고 있다. 섬세한 다시를 내기 어려운 참다시마로 깔끔하고 깨끗한 다시를 내려면 어떻게 해야 할까. 시행착오를 거듭해서 지금의 온도, 시간, 다시 내는 방법을 완성했다.

재료

다시마(참다시마) … 50g
물(약숫물*) … 2ℓ

* 물은 오사카 미노오산의 약숫물을 그대로 사용한다.

1. 냄비에 다시마와 물을 넣고 불에 올린다. 40℃에 1시간 가열한 후 80℃에 30분 가열한다.

2. 다시마를 건져내고, 한소끔 끓인 후 불순물을 걷어낸다.

* 장시간 물에 담가 우려낸 다시는 다시마의 끈적함과 잡내가 생긴다. 이를 방지하기 위해 위의 방법으로 만들고 있다. 가열시간이 너무 길어도 불필요한 색과 끈적함이 생긴다.

1번 다시

참다시마의 깔끔한 맛을 살린 다시마 다시를 사용하고, 혼카레부시의 고급스러운 맛과 풍미만 더했다. 참다시마가 단맛도 내기 때문에 참치포는 필요 없으며, 아라부시가 가진 향 등의 개성도 여기에는 더하지 않는다.

완성한 다시는 바로 사용하지 않고, 급랭한 다음 얼마 동안 재워서 맛이 안정된 다음 사용한다.

재료

다시마(참다시마) … 40g
물(약숫물) … 2ℓ
가다랑어포(마쿠라자키산 혼카레부시) … 20g

1 p.105처럼 위 재료의 다시마와 물로 다시마 다시를 내고, 불순물을 제거한 후 불을 끈다. 온도가 90℃로 내려가면 가다랑어포를 넣는다.

2 10~15초 지나면(잡미가 나오므로 그 이상 두지 않는다) 쿠킹페이퍼를 깐 체에 내린다. 완성한 다시는 용기에 넣고 뚜껑을 덮은 후, 얼음물에 담가 급랭한다. 그대로 1~2시간 두고 맛이 안정된 다음 사용한다.

간 오징어 다시

재료를 통으로 갈아 액체상태로 만든 다시. 감칠맛이 있으면 그 자체로 다시가 되기도 한다.

재료

갑오징어(냉동) … 500g
다시마 다시(p.105 참고) … 300㎖
마(간) … 20g
소금, 국간장 … 적당량씩

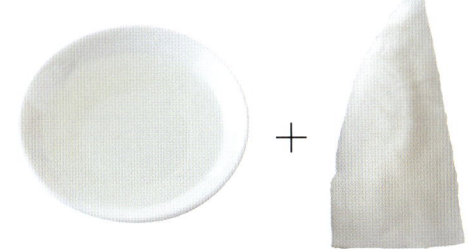

* 생오징어를 사용하면 부드러워지지 않으므로, 반드시 냉동시킨 오징어를 사용한다.

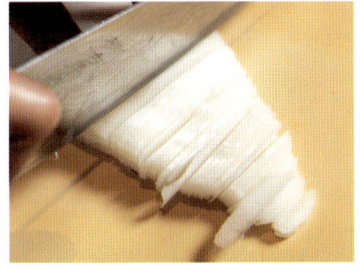

1 오징어는 언 채로 얇게 썬다.

다시의 과학

오징어 자체에는 이노신산이 거의 없지만, 다양한 아미노산에 의한 감칠맛과 단맛이 있다. 다시마로 감칠맛을 보충하면 감칠맛이 풍부한 스리나가시(일본식 수프)가 된다.

2 1을 믹서에 넣고, 다시마 다시 1/2 분량을 넣는다.

3 믹서로 간 후, 나머지 다시마 다시를 넣고 부드러워질 때까지 간다.

4 부드러워지면 간 마, 소금, 국간장을 넣는다.
* 요리에 따라 걸쭉한 정도를 조절하여 사용한다.

일본요리 스이

오징어 수프

성게와 니코고리(콜라겐이 많은 생선 다시로 만든 젤리)를 넣어, 맛과 식감에 강약을 주었다.

재료

간 오징어 다시(p.107 참고) … 90㎖
생성게알 … 적당량
차조기꽃이삭, 파래, 와사비(강판에 간) … 적당량씩
니코고리
- 1번 다시(p.106 참고) … 200㎖
  판젤라틴 … 3g
  국간장 … 적당량
  ※ 1번 다시를 따뜻하게 데우고 국간장으로 간을 한다. 불린 판젤라틴을 넣고, 남은 열을 제거한 후 냉장고에 식혀서 굳힌다.

만드는 방법

1. 간 오징어 다시를 그릇에 담는다.
2. 1에 성게알을 얹고 니코고리를 올린다.
3. 파래, 간 와사비, 차조기꽃이삭을 올린다.

복어뼈와 구운 지느러미 다시

복어뼈에 지느러미를 더하여, 감칠맛과 고소한 향을 보충한다.

재료

- 복어뼈(어느 정도 살이 붙은)…1마리 분량
- 다시마(참다시마)…20g
- 복어 지느러미(건조시켜 구운)…5장
- 정종…적당량
- 물(약숫물)…1.5ℓ

다시의 과학

복어는 이노신산을 풍부하게 함유하여, 다시마의 글루탐산과 합쳐지면 감칠맛 상승효과로 강한 감칠맛을 줄 수 있다.

1 복어뼈는 뜨거운 물을 부어 살짝 데친 후 가볍게 물로 헹군다.

2 냄비에 물과 다시마, 1의 뼈, 복어 지느러미, 정종을 넣고 불에 올린다.

3 끓으면 약불로 줄이고 30분~1시간 정도 가열한다. 중간에 불순물을 걷어낸다.

4 맛이 나면 쿠킹페이퍼를 깐 체에 내린다.

구운 복어지느러미국

복어 다시에 복어살, 이리, 껍질, 지느러미를 더한 일품 복어요리다.

재료 (1인분)

- 복어살…적당량
- 복어이리…적당량
- 복어껍질, 구운 지느러미(위와 같이 다시를 낸 후의)…적당량씩
- 쑥갓(데친 후 다시에 담근)…적당량
- 복어뼈와 구운 지느러미 다시(위 참고)…200㎖
- 소금, 국간장…적당량씩
- 대파의 초록 부분(잘게 채썬)…적당량

만드는 방법

1. 복어이리에 소금을 뿌리고, 10~15분 그대로 둔 후 굽는다.
2. 복어살에 소금을 뿌리고, 10~15분 그대로 둔다.
3. 복어뼈와 구운 지느러미 다시를 냄비에 넣고 데운 후, **2**의 복어살과 껍질을 넣어 불에 올린다.
4. 그릇에 **1**의 이리, **3**의 복어살과 껍질, 다시 낸 후의 구운 지느러미, 쑥갓을 담는다.
5. **4**에 **3**의 다시를 붓고 채썬 대파를 올린다.

일본요리 스이

옥돔 유화 다시

옥돔뼈에 향신채소와 다시마를 넣고, 오래 끓여서 뽀얀 다시를 낸다.

재 료

옥돔뼈(어느 정도 살이 붙은) ··· 1마리 분량
대파 ··· 50g
생강 ··· 10g
다시마(참다시마) ··· 20g
정종 ··· 적당량
물(약숫물) ··· 2ℓ

1 옥돔뼈는 뜨거운 물로 살짝 데친다.

2 1의 뼈, 대파, 생강, 다시마, 정종을 들통냄비에 넣고, 간신히 잠길 만큼 물을 붓는다.

3 뚜껑을 덮고 불에 올린다. 끓으면 불을 약하게 줄이고 4~5시간 끓여서 뽀얀 다시를 낸다.

4 처음에는 투명하지만 국물이 뽀얗게 변한다.

5 쿠킹페이퍼를 깐 체에 내린다.

다시의 과학

유화란 지방이 물속에 분산되어 있는 상태로, 단백질 등이 유화제 역할을 하여 유화를 안정시킨다. 여기서는 옥돔뼈에서 나온 지방이, 단백질이나 다시마의 알긴산 등에 의해 유화된다. 일본요리에서는 유화시킨 다시를 별로 사용하지 않지만, 우유 같은 개성이 나타나 새로운 표현을 할 수 있다.

옥돔구이와 유화 다시

바삭하게 구운 옥돔에 진한 유화 다시가 잘 어울린다.

재료

옥돔살 … 적당량
목이버섯(생) … 적당량
싹눈파 … 적당량
옥돔 유화 다시(p.112 참고) … 150㎖
소금, 국간장 … 적당량씩
식용유 … 적당량

만드는 방법

1. 비늘을 제거하지 않은 옥돔에 뜨겁게 달군 식용유를 뿌리고, 비늘이 바삭해질 때까지 오븐에 굽는다.
2. 생목이버섯은 살짝 데친다.
3. 그릇에 **1**의 옥돔과 **2**의 목이버섯을 담는다.
4. 옥돔 유화 다시를 데우고 소금, 국간장으로 간을 하여 **3**에 붓는다. 싹눈파를 올린다.

은어 니보시 다시

은어를 직접 말려서 다시를 낸다.

재료

- 은어 니보시(홈메이드*) … 100g
- 다시마(참다시마) … 20g
- 물(약숫물) … 800㎖
- 정종 … 적당량
- 여뀌 줄기 … 5g

* 은어 니보시_ 살아있는 어린 은어를, 바닷물 농도 정도로 소금을 넣은 얼음물에 2시간 정도 절인 후(소금물에 절이지 않으면 살이 부서진다) 끓는 소금물에 데친다. 물기를 제거하고 식품건조기에 말린다(건조망에 넣어서 말려도 좋다).

1 은어 니보시는 머리와 내장을 떼어낸다.

2 1, 다시마, 여뀌 줄기를 냄비에 넣고 분량의 물과 정종을 더한다. 1시간 정도 그대로 둔 후 불에 올린다.

3 중간에 불순물을 걷어가면서 30분 정도 끓인다.

4 쿠킹페이퍼를 깐 체에 내린다.

은어 소금구이와 칡면

고소하게 구워낸 은어와 목 넘김이 좋은 칡면을 조합했다. 다시의 맛을 즐길 수 있다.

재료

- 은어 … 적당량
- 칡면 … 적당량
- 오이(오이채) … 적당량
- 여뀌잎(튀긴) … 적당량
- 은어 다시(위 참고) … 250㎖
- 소금, 국간장 … 적당량씩

만드는 방법

1 은어를 꼬치에 꽂아 숯불에 굽는다.
2 칡면을 삶고 얼음물로 헹군다.
3 그릇에 물기를 제거한 **2**의 칡면, **1**의 은어, 오이채를 담는다.
4 소금과 국간장으로 간을 해서 차게 식힌 은어 다시를 **3**에 붓고, 그 위에 튀긴 여뀌잎을 얹는다.

일본요리 스이

참게 토마토 시로미소 다시

게도 미소도 감칠맛이 강한 재료이지만, 여기에 부드러운 감칠맛을 하나 더 채워넣고 싶어 토마토를 더했다. 감칠맛이 조금 강한 다시마 대신, 똑같이 글루탐산의 감칠맛을 가진 토마토를 골랐다. 토마토는 민물게 특유의 냄새를 줄여준다.

재료

참게 … 5마리
토마토 … 200g
물(약숫물) … 1500㎖
시로미소 … 150g
일본 시나몬* … 3개
생참기름 … 20㎖

* 일본 시나몬(藪肉桂)_ 녹나무과의 상록교목. 잎이 긴 타원형으로 육계와 비슷한 향이 난다.

1 참게는 껍데기째 듬성듬성 썬다. 냄비에 생참기름을 두르고 참게를 넣어 볶는다.

2 1에 듬성듬성 썬 토마토를 넣고 다시 볶는다.

3 게 내장의 맛이 나도록 주걱으로 부수면서 다시 골고루 볶는다. 수분이 있으면 냄새가 남으므로 수분을 완전히 날리면서 볶는다.

4 3에 분량의 물을 넣고 가열한다.

5 불순물이 나오면 걷어낸다(기름은 걷지 않는다).

6 일본 시나몬을 넣고, 시로미소를 넣어 20분 정도 끓인다.

7 체에 내린다.

다시의 과학

게에는 감칠맛 아미노산인 글루탐산보다 단맛 아미노산이 많아, 단맛을 가진 다시가 된다. 토마토와 시로미소의 글루탐산에 의해 감칠맛이 더욱 강해진다.

일본요리 스이

참게 다시와 시나몬향 가을채소

참게, 토마토의 감칠맛과 함께 채소를 즐길 수 있는 일품요리.

재료

토란 … 적당량
가지 … 적당량
표고버섯 … 적당량
은행 … 적당량
2번 다시*, 소금, 국간장 … 적당량씩
참게 토마토 시로미소 다시(p.116 참고) … 100㎖
튀김기름 … 적당량

* 2번 다시_ 1번 다시(p.106 참고)를 낸 후의 다시마와 가다랑어포를 냄비에 넣고, 물을 부어서 불에 올린다. 끓으면 불을 약하게 줄이고, 불을 조절하여 1시간 정도 보글보글 끓인 후 체에 내린다.

만드는 방법

1 토란은 껍질을 벗기고, 쌀뜨물로 부드러워질 때까지 데친다.
2 소금과 국간장으로 맛을 낸 2번 다시에 **1**의 토란을 조린다.
3 가지는 구워서 껍질을 벗기고, 소금과 국간장으로 간을 한 2번 다시에 담근다.
4 표고버섯을 굽고, 은행은 튀김옷 없이 튀긴다.
5 그릇에 먹기 좋은 크기로 자른 **2**의 토란, **3**의 가지, **4**의 표고버섯과 은행을 담고, 데운 참게 토마토 시로미소 다시를 붓는다.

오매 야마토종닭 다시

닭 다시에 오매와 야마토당귀잎을 넣고 낸 재밌는 다시다.

재료

닭뼈 다시
- 닭뼈(야마토 토종닭. 어느 정도 살이 붙은) … 1마리 분량
- 양파(반달썰기한) … 50g
- 다시마(참다시마) … 20g
- 야마토당귀잎* … 적당량
- 물(약숫물) … 1ℓ

오매 다시
- 오매** … 100g
- 다시마 … 10g
- 물(약숫물) … 300㎖

* 야마토당귀_ 미나리과의 여러해살이풀. 말린 뿌리는 한약으로, 셀러리 같은 향이 있는 잎은 일본허브로 활용된다.

** 오매_ 덜 익은 매실을 연기에 쬐어 말린 것. 옛날부터 생약으로 사용하고 있다.

1 닭뼈 다시_ 닭뼈는 물로 씻어서 토막을 내고, 살라만더로 굽는다.

2 1, 양파, 다시마 20g, 야마토당귀잎을 냄비에 넣고, 간신히 잠길 만큼 물을 부어(1ℓ) 불에 올린다.

3 끓으면 약불로 줄이고 1시간 반~2시간 가열한다. 중간에 불순물을 걷어낸다.

4 쿠킹페이퍼를 깐 체에 내린다.

5 오매 다시_ 오매와 다시마 10g을 합쳐서 높이가 있는 트레이에 담고, 물 300㎖를 부어 담가둔다.

6 김이 나는 찜기에 2시간 찐다. 쿠킹페이퍼를 깐 체에 내려서 오매 다시를 얻는다.

7 4의 닭뼈 다시를 냄비에 넣어 불에 올리고, 6의 오매 다시를 알맞게 더한다.

일본요리 스이

오매 다시와 야마토당귀향의 야마토토종닭

개성 넘치는 다시에 감칠맛이 강한 토종닭을 넣어서 밸런스를 잡는다.

재료

닭다릿살(야마토토종닭*) … 적당량

둥근가지 … 적당량

야마토당귀(p.118 참고. 잎과 꽃) … 적당량

오매 야마토토종닭 다시
- 닭뼈 다시(p.118 참고) … 150㎖
- 오매 다시(p.118 참고) … 50㎖
- ※ p.118처럼 합친다.

튀김기름, 2번 다시(p.117 참고), 소금, 국간장 … 적당량씩

* 야마토토종닭_ 나라현산 토종닭

만드는 방법

1. 닭고기에 소금을 뿌리고, 10~15분 그대로 둔 후 굽는다.
2. 둥근가지는 껍질을 벗겨서 튀김옷 없이 튀긴 후 기름기를 뺀다. 소금과 국간장으로 간을 한 2번 다시에 넣고 익힌다.
3. 그릇에 한입크기로 썬 **1**의 닭고기와 **2**의 가지를 담고, 데운 오매 야마토토종닭 다시를 붓는다.
4. 그 위에 야마토당귀잎과 꽃을 올린다.

훈제오리 다시

훈제 풍미를 더한 다시로, 오리를 훈제할 때는 짚을 사용하여 향을 더한다. 훈제칩보다 자연스럽고 부드러운 향이 매력적이다.

재료

오리뼈(어느 정도 살이 붙은) … 1마리 분량
다시마(참다시마) … 20g
물(약숫물) … 1.5ℓ
정종 … 적당량
홍귤잎* … 3장
홍귤 껍질* … 15g
순무 껍질 … 적당량
짚 … 적당량

*홍귤_ 일본 고유의 감귤류 중 하나.

1 숯불화로에 석쇠를 올리고, 그 위에 오리뼈를 굽는다.

2 중간에 뒤집어가면서 구운 색이 들 때까지 굽는다.

3 화로에 짚을 넣는다.

4 오리뼈 위에 뚜껑을 덮어 훈연한다.

5 4에서 훈연한 오리뼈, 다시마, 순무 껍질, 홍귤잎과 껍질, 물, 정종을 넣고 불에 올린다. 30분 정도 끓인다.

6 쿠킹페이퍼를 깐 체에 내린다.

다시의 과학

훈연한 가다랑어포를 사용하는 등 일본요리의 다시는 훈연향이 특징이다. 다른 장르의 다시에서는 훈연향을 중요하게 다루지 않기 때문에, 일본요리만의 특징이라 생각한다. 오리는 프랑스요리나 중국요리에서도 육수로 사용하지만, 훈연하면 일본요리의 풍미에 가까워진다.

훈제 다시로 맛을 낸 오리 순무 홍귤

오리와 감귤은 궁합이 좋다. 여기서는 일본 감귤인 홍귤 껍질을 사용하여 향을 더한다.

재료

- 오리 가슴살 … 적당량
- 순무 … 적당량
- 순무 줄기 … 적당량
- 홍귤 껍질(잘게 채썰기*) … 적당량
- 훈제오리 다시(p.120 참고) … 150㎖
- 2번 다시(p.117 참고), 소금, 국간장 … 적당량씩
- 칡가루 … 적당량

만드는 방법

1. 순무는 껍질을 벗기고, 소금과 국간장을 더한 2번 다시에 넣어서 순무가 부드러워질 때까지 삶는다. 순무 줄기는 데친 후, 소금과 국간장으로 맛을 낸 2번 다시에 담근다.
2. 오리고기를 굽는다.
3. 그릇에 얇게 썬 오리고기, **1**의 순무와 순무 줄기를 담는다.
4. 데운 훈제오리 다시에 물에 갠 칡가루를 넣어서 걸쭉하게 만들고 **3**에 붓는다. 그 위에 홍귤 껍질을 올린다.

일본허브 자라 다시

자라는 살을 먹어서 맛있고, 게다가 부드러울 때 좋은 다시도 낼 수 있다.

여기서는 5종류의 일본허브를 사용하여 향에 개성을 더했다.

재료

자라(잘라서 펼친 다음 세척한) … 1마리
다시마(참다시마) … 20g
일본허브(건조. 조장나무, 약모밀, 쑥, 알피니아 제룸벳, 아마차) … 적당량
물(중경수) … 2ℓ
정종 … 200㎖
진간장 … 적당량
소금 … 적당량

1 잘라서 펼친 자라살과 갑, 다시마를 냄비에 넣고 분량의 물과 정종을 더하여 불에 올린다.

2 불순물을 걷어가며 잠깐 끓인다.

3 1시간 정도 끓여서 살이 부드러워지면, 일본허브를 넣고 조금 더 끓인다. 간장과 소금으로 간을 한다.

4 3에서 자라살을 건져낸다(살은 요리에 사용한다).

5 국물은 쿠킹페이퍼를 깐 체에 내린다.

* 다른 다시는 미노오산의 약숫물(연수)을 사용하고 있지만, 자라만은 가고시마현 기리시마의 중경수를 사용하고 있다. 이 물을 쓰면 자라 냄새를 줄일 수 있다.

일본허브 다시로 맛을 낸 자라와 송이버섯

송이버섯과 국화를 조합하여, 일본허브향을 잘 살린 가을요리를 만든다.

재료

- 자라살(p.122와 같이 다시를 낸 후의) … 적당량
- 송이버섯 … 적당량
- 쑥갓 … 적당량
- 국화(노란색, 보라색) … 적당량씩
- 일본허브 자라 다시(p.122 참고) … 200㎖
- 국간장 … 적당량

만드는 방법

1 뚝배기에 일본허브 자라 다시를 넣고, 국간장을 더하여 불에 올린다.
2 데친 노란색 국화, 자라살, 먹기 좋은 크기로 썬 송이버섯을 **1**에 넣고 끓인다.
3 끓으면 쑥갓을 넣고, 그 위에 보라색 국화를 올린다.

갯장어 발효양파 콩소메 다시

갯장어뼈로 매우 맛있는 다시를 낼 수 있다. 이 다시를 주인공으로 만들려면, 여기에 고급스러운 콩소메 기법을 사용하여 달걀흰자로 맑게 만들고, 발효양파와 이부키 사향초의 풍미로 맛에 깊이를 더한다.

재료

갯장어뼈(어느 정도 살이 붙은) … 1마리 분량
발효양파* … 100g
다시마(참다시마) … 20g
물(약숫물) … 1ℓ
정종 … 적당량
이부키 사향초** … 적당량
달걀흰자 … 적당량

* 발효양파_ 양파를 잘게 썰고 쌀뜨물에 담가 상온에서 발효시킨다(여름철 3일, 겨울철 4~5일. 향으로 판단한다). 발효하면 냉장고로 옮긴다(상온에서는 그 이상 두지 않는다).

** 이부키 사향초_ 꿀풀과의 소관목. 전체에서 향이 나며 한국, 일본, 중국, 인도에 널리 분포한다. 이부키산에 많이 자생하며 사향과 같은 향이 있어서 붙은 이름이다.

1 갯장어뼈는 살짝 데친 후 다시마, 발효양파와 함께 냄비에 넣고, 분량의 물과 정종을 넣어 불에 올린다.

2 거품을 걷어가며 30분 정도 끓인다.

3 쿠킹페이퍼를 깐 체에 내린다.

4 3을 냄비에 넣고 불에 올린 후 이부키 사향초를 넣는다. 불에서 내리고 식힌다.

5 4가 식으면 달걀흰자를 섞는다. 다시 불에 올린다.

6 달걀흰자가 익어서 위로 뜬다.

7 쿠킹페이퍼를 깐 체에 내린다.

이부키 사향초향의 갯장어 콩소메

개성 강한 다시가 갯장어국을 더욱 강렬하게 만든다.

재료

갯장어 … 적당량
동아 … 적당량
수송나물 … 적당량
갯장어 부레 … 적당량
차조기꽃이삭 … 적당량
갯장어 발효양파 콩소메 다시
   (p.124 참고) … 200㎖
2번 다시(p.117 참고) … 적당량
소금, 국간장 … 적당량씩
칡가루 … 적당량

만드는 방법

1. 동아는 껍질을 벗기고, 소금과 중조를 1 : 1로 합쳐서 겉면에 문지른 후 30분 동안 그대로 두었다가 데친다. 소금으로 간을 한 2번 다시에 동아를 넣고 익힌 후 칼집을 넣는다. 수송나물은 데친 후 국간장과 소금으로 간을 한 2번 다시에 담근다. 갯장어 부레는 데친다.
2. 갯장어는 잘라서 펼치고, 뼈째로 잔 칼집을 넣은 후 먹기 좋은 크기로 자른다. 소금을 뿌리고 10~15분 정도 그대로 둔다.
3. 2의 양면에 칡가루를 묻힌다.
4. 끓는 물에 3을 껍질쪽이 아래를 향하게 넣는다. 갯장어살이 꽃잎처럼 펼쳐지면 건져낸다.
5. 그릇에 1의 동아, 4의 갯장어, 1의 수송나물, 갯장어 부레를 담고 그 위에 차조기꽃이삭을 올린다.
6. 데운 갯장어 발효양파 콩소메 다시를 붓는다.

발효대파 말린 관자 다시

쌀뜨물로 발효시킨 대파의 흰 부분으로 풍미를 더한 다시다.

재료

다시마 다시
- 다시마(참다시마) … 20g
- 물(약숫물) … 760㎖

발효대파* … 150g
말린 관자 … 100g
정종 … 적당량

1 p.105처럼 위 재료의 다시마와 물로 다시마 다시를 낸다. 말린 관자는 물에 담가서 불린다. 식힌 다시마 다시, 발효대파, 불린 관자와 관자를 담갔던 물을 냄비에 담고, 불에 올린 다음 정종을 넣는다.

2 대파에서 맛이 나고 부드러워질 때까지 센불로 끓인다(끓인 후의 대파도 요리에 사용한다).

* 발효대파_ 대파(흰 부분)를 5㎝ 정도 길이로 썰고, 쌀뜨물에 담가서 상온에 발효시킨다(여름 4~5일. 겨울 1주일. 향으로 판단한다). 발효하면 냉장고로 옮긴다(그 이상 상온에 두지 않는다.)

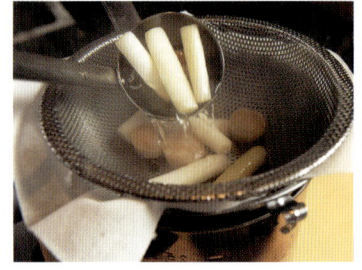

3 쿠킹페이퍼를 깐 체에 내린다.

다시의 과학

대파의 흰 부분은 글루탐산이 많지 않지만 향 성분인 유황화합물을 함유하여, 발효시키면 독특한 풍미가 난다. 즉 여기서 감칠맛은 다시마와 말린 관자가 담당하고, 발효대파가 향을 담당하여 독특한 다시가 완성된다.

발효대파 다시와 붉바리찜

은은하게 발효 풍미가 나는 다시가 특징이다. 다시를 낸 후의 대파도 맛있게 먹을 수 있다.

재료

- 붉바리 머리 … 1마리 분량
- 발효대파(p.126와 같이 다시를 낸 후의) … 적당량
- 구즈키리(칡가루로 만든 면) … 적당량
- 파채(초록 부분·흰 부분*) … 적당량
- 발효대파 말린 관자 다시(p.126 참고) … 200㎖
- 소금, 정종, 국간장 … 적당량씩
- 다시마(참다시마) … 적당량

* 파채_ 대파를 가늘게 썬 것

만드는 방법

1 붉바리 머리에 소금을 뿌리고 2~3시간 정도 그대로 둔다.
2 1에 끓는 물을 붓고, 얼음물에 담가서 비늘과 점액질을 제거한다.
3 높이가 있는 트레이에 다시마를 깔고, 2의 붉바리 머리를 올린 후 정종을 뿌려서 찐다.
4 냄비에 발효대파 말린 관자 다시를 담아서 데우고, 3에서 나온 국물을 더한다.
5 그릇에 3의 붉바리 머리, 발효대파, 구즈키리, 파채를 담고 4의 다시를 붓는다.

발효표고버섯 다시

p.126 발효대파 다시와 같은 방법으로 발효시킨 원목 표고버섯을 사용한다.

재료

다시마 다시
- 다시마 ⋯ 20g
- 물 ⋯ 760㎖

발효표고버섯* ⋯ 200g
정종 ⋯ 적당량

* 발효표고버섯_ 원목 표고버섯을 쌀뜨물에 담가서 상온에 발효시킨다(여름 4~5일. 겨울 1주일. 향으로 판단한다). 발효하면 냉장고로 옮긴다(그 이상 상온에 두지 않는다).

1 p.105처럼 위 재료의 다시마와 물로 다시마 다시를 낸다. 식힌 다시마 다시와 발효표고버섯을 냄비에 담고, 불에 올린 후 정종을 넣는다.

2 표고버섯에서 맛이 나고 부드러워질 때까지 센불로 끓인다(끓인 후의 표고버섯도 요리에 사용한다). 불순물을 걷어낸다.

3 쿠킹페이퍼를 깐 체에 내린다.

발효표고버섯 다시의 반달가슴곰 등심

고기요리와 궁합이 좋은 다시다. 소고기와 함께 만들어도 맛이 좋다.

재료

- 반달가슴곰 등심(얇게 썬) ⋯ 적당량
- 우엉(깎아썰기한) ⋯ 적당량
- 발효표고버섯(위와 같이 다시를 낸 후의) ⋯ 적당량
- 대파의 초록 부분(어슷썰기한) ⋯ 적당량
- 미나리 ⋯ 적당량
- 산초가루 ⋯ 적당량
- 발효표고버섯 다시(위 참고) ⋯ 200㎖
- 국간장, 진간장 ⋯ 적당량씩

만드는 방법

1 발효표고버섯 다시에 국간장과 진간장을 넣고 데운 후 반달가슴곰 등심, 깎아썰기한 우엉, 발효표고버섯, 대파의 초록 부분을 넣어서 끓인다.
2 1을 그릇에 담고 나온 국물을 붓는다.
3 그 위에 미나리를 잘게 썰어서 올리고, 산초가루를 뿌린다.

일본요리 스이

시로미소 사프란 다시

여기서는 닭새우 요리에 사용했기 때문에 잘라서 펼칠 때 나오는 껍질도 넣었지만, 미소가 맛있으면 물에 풀기만 해도 다시가 된다. 다시마 다시와 합치면 그 감칠맛이 오히려 방해가 되므로, 물을 사용하는 편이 낫다.

재료

닭새우 … 1마리(300g)
시로미소 … 80g
사프란(물 500㎖에 담가둔다) … 적당량

* 살아있는 닭새우의 머리를 떼어내고, 껍질째 세로로 반 자른다. 몸통은 껍질을 벗기고 살을 발라낸다(살은 요리에 사용한다).

1 사프란을 넣은 물을 냄비에 넣고 불에 올린다. 시로미소를 푼다.

2 1에 닭새우 머리와 껍질을 넣고 가볍게 끓인다.

3 쿠킹페이퍼를 깐 체에 내린다(닭새우 껍질과 머리는 건져둔다).

시로미소 사프란 다시의 닭새우와 죽순

닭새우는 물론 시로미소도 맛의 주인공인 일품요리.

재료

닭새우(살) … 적당량
죽순 … 적당량
겨, 고추, 양념국물(1번 다시〈p.106 참고〉에 약간의 소금과 국간장으로 맛을 낸다) … 적당량씩
산초 어린잎 … 적당량
시로미소 사프란 다시(위 참고) … 200㎖

* 다시를 낸 후 닭새우의 머리와 껍질도 사용한다.

만드는 방법

1 냄비에 죽순, 겨, 적당량의 물, 고추를 넣고 불에 올려서 데친다.
2 1의 죽순이 식으면 껍질을 벗기고, 먹기 좋은 크기로 썬 다음 양념국물에 넣어 끓인다.
3 시로미소 사프란 다시를 데우고, 한입크기로 썬 닭새우살을 넣어 끓인다.
4 그릇에 3의 닭새우 살과 2의 죽순을 담고, 건져둔 닭새우 껍질과 머리를 올린 후 3의 국물을 붓는다.
5 그 위에 산초 어린잎을 올린다.

맑은 낫토 다시

식물성 재료만으로 만든 사찰식 다시의 일종이다. 잇큐지 낫토의 진한 감칠맛과 짠맛을 살리고, 감 껍질과 볶은 콩으로 단맛을 더했다.

재료

잇큐지 낫토* … 50g
다시마(참다시마) … 15g + 10g
감 껍질(말린) … 50g
콩(볶은) … 80g
물(약숫물) … 100㎖ + 500㎖

* **잇큐지 낫토_** 잇큐 소준(무로마치 중기의 승려이자 시인)이 제조법을 전파했다고 알려진 콩 가공품이다. 찐 콩에 미숫가루와 누룩을 묻혀 발효시키고, 10개월 정도 햇볕에 건조시켜서 만든다.

1 냄비에 다시마 15g, 잇큐지 낫토, 물 100㎖을 함께 넣고 하룻밤 그대로 둔다.

2 1을 불에 올리고 30분 정도 끓인다. 불순물을 걷어낸다.

3 쿠킹페이퍼를 깐 체에 내려서 잇큐지 낫토 다시를 얻는다.

4 다른 냄비에 다시마 10g, 감 껍질, 볶은 콩, 물 500㎖을 함께 불에 올린다.

5 30분 정도 끓인 다음 쿠킹페이퍼를 깐 체에 내려, 콩 다시를 낸다.

6 완성한 2가지 다시.

7 5의 콩 다시를 냄비에 넣어 가열하고, 3의 잇큐지 낫토 다시를 더하면서 섞는다.

8 맛을 보면서 알맞게 조절한다.

다시의 과학

누룩으로 발효시킨 콩은 단백질이 분해되면서 글루탐산이 생겨난다. 잇큐지 낫토와 다시마의 감칠맛에 추가로 볶은 콩을 더하면, 마이야르 반응에 의한 고소한 향을 가진 다시가 된다.

맑은 낫토 다시와 무화과

무화과의 부드러운 단맛이 낫토 다시와 잘 어울린다.

재료

무화과 … 적당량
청유자 껍질(잘게 채썬) … 적당량
맑은 낫토 다시(p.132 참고) … 100㎖

만드는 방법

1 무화과 껍질을 벗기고, 반으로 잘라서 굽는다.
2 그릇에 1의 무화과를 담고, 데운 낫토 다시를 붓는다.
3 그 위에 청유자를 올린다.

「우부카 うぶか」
가토 구니히코

「우부카」는 갑각류 전문점이어서 많은 양의 새우와 게 껍데기가 나오는데, 저장공간에도 한계가 있다. 일부는 건조시키고 가루형태로 만들어, 쓰레기를 최대한 줄이면서 저장하려고 하지만 아직 전부 사용하고 있지는 못하다.

갑각류나 조개류는 먹을 수 없는 부분이 많은 식재료지만, 갑각류의 껍데기는 그래도 쓸모가 있다. 가장 유익한 사용법이 바로 다시다. 가게에서는 새우나 게 모두 살아있는 것을 구입하여 바로 익히기 때문에, 갑각류 특유의 냄새는 거의 나지 않는다. 신선한 껍데기를 사용하면 매우 깔끔한 다시를 낼 수 있다. 다만 이런 경우 반대로 갑각류다운 맛이 나지 않는다. 그렇기 때문에 껍질을 굽거나 볶거나 하여, 익히거나 건조시켜서 새우와 게다운 맛을 내고 있다.

하지만 새우나 게의 껍데기는 그 자체로 강한 감칠맛이 나지 않는다. 다시마나 채소에서 나오는 감칠맛에, 새우와 게의 껍데기로 향 요소를 더한다는 감각으로 밸런스를 잡고 있다. 새우나 게의 향을 최대한 뽑아내는 것이 중요한 포인트다.

작은 주방, 일손이 적은 가게에서 연구를 거듭하여 만든 다시도 있다. 예를 들어, 새우나 게의 껍데기를 다시마와 함께 물에 넣고 냉동하여 얻은 동결농축 다시도 그 중 하나다. 시간을 절약할 수 있기 때문에 작업이 편할 뿐 아니라, 맑고 맛있는 다시를 낼 수 있다.

가다랑어포와 다시마에 의존한 다시를 만드는 일이, 앞으로 어려워지는 것은 아닐까. 특히 다시마는 해를 거듭할수록 자연산을 얻기 어려워진다. 채소 또는 버섯 다시와 포를 조합하거나, 생선뼈와 조개류 등을 적극적으로 활용할 필요가 있다. 새우나 게는 조개류와도 궁합이 좋아서, 바지락 다시와 새우, 게 다시를 합치는 등 새로운 시도를 계속하려 한다.

1977년 미야기현 출생. 갑각류라면 무엇이든 좋아해서 갑각류 전문 프랜차이즈 「가니도라쿠」에 입사했다. 그 후 교토의 고급음식점에서 일식의 기초를 배우고 뉴질랜드의 일식집, 신주쿠의 중식집 「렌게」를 거쳐 2012년 도쿄 요츠야(아라키초)에 갑각류 전문요리점 「우부카」를 오픈했다. 일본요리에 기반을 두면서도 다른 장르의 방식도 유연하게 받아들여, 갑각류의 매력을 잘 살리고 있다.
1번 다시, 2번 다시는 게와 새우 등을 같이 사용할 때 궁합이 좋도록 라우스 다시마와 참치포를 사용하여 감칠맛을 제대로 끌어내고 있다.

다시마 다시

다시마는 라우스 다시마를 사용하고, 물은 정수기로 거른 수돗물을 사용한다. 도쿄의 물에는 라우스 다시마, 히다카 다시마, 참다시마가 잘 어울린다고 생각한다. 그중에서도 강한 감칠맛을 가진 라우스 다시마는 갑각류와 궁합이 좋으며, 가게에서 사용하는 참치포와 최고의 궁합이다.

재료

다시마(라우스 다시마) … 250g
물(정수) … 10ℓ

1 냄비에 물과 다시마를 넣고 60℃로 2시간 정도 끓인다(시간은 기준이므로, 맛을 보며 판단한다).

2 맛이 충분히 나면 다시마를 건져낸다.

다시의 과학

라우스 다시마는 리시리 다시마보다 글루탐산이 많고 풍미도 강하다. 도쿄의 물은 경도가 높아 글루탐산이 나오기 어려우므로 라우스 다시마가 적합하다고 생각한다.

1번 다시

라우스 다시마로 낸 다시마 다시와 지아이를 제거한 참치포를 합쳐서, 그날 사용할 다시를 만들어둔다. 새우, 게는 가다랑어포보다 참치포와 궁합이 더 좋다.

재료

다시마 다시
- 다시마(라우스 다시마)···250g
- 물(정수)···10ℓ

참치포(지아이 제거)···250g

1 p.135처럼 다시마 다시를 낸다. 다시마를 건져낸 후 끓기 직전까지 온도를 올린다(끓지 않아야 한다).

2 1을 약불로 내리고 참치포를 넣는다.

3 불순물이 나오면 걷어낸다(지아이를 제거한 참치포를 사용하기 때문에 불순물은 거의 나오지 않는다).

4 바로 쿠킹페이퍼를 깐 체에 부어서 자연스럽게 내린다(눌러 짜지 않는다).

다시의 과학

참치포는 가다랑어포보다 이노신산이 많고 향도 다르기 때문에, 요리 전체에서의 역할을 고려한 다음 선택하는 것이 중요하다.

2번 다시

조림이나 미소시루 외에 다시를 묽게 만드는 데도 사용한다. 감칠맛이 풍부한 진한 다시다.

재 료

1번 다시(p.136 참고)의 건더기 재료* … p.136의 남은 분량
물 … 건더기 재료와 같은 양

* 1번 다시를 만들고 남은 건더기 재료.

1 1번 다시의 건더기 재료를 모두 냄비에 다시 담고, 같은 양의 물을 더한다.

2 1을 불에 올리고 중불로 10분 정도 끓인다.

3 2에서 다시마를 건져내고, 쿠킹페이퍼를 깐 체에 내린다.

4 국자로 눌러가며 충분히 짠다.

보리새우 다시

새우 중에서도 특히 보리새우 껍질로 좋은 품질의 다시를 낼 수 있다. 내장이 들어있는 머리로 내는 다시도 있지만, 여기에서는 껍질만 사용한다. 맑은 주황색에 향이 좋은 국물이 된다. 새우 껍질은 구워서 끓이면 풍미가 살아난다. 또한 굽기 전에 살짝 데쳐두면 변색을 막을 수 있다.

재료

보리새우 껍질(새우내장을 제거한) … 1kg
다시마(라우스 다시마) … 25g
물(정수) … 적당량
정종(준마이슈) … 20㎖

1 냄비에 물을 끓이고 보리새우 껍질을 넣는다.

2 다시 끓으면 체에 내린 다음 물기를 제거한다.

3 2의 껍질을 트레이에 넓게 올리고, 오븐에 중불로 굽는다.

4 구운 색이 들면 한 번 뒤집고 같은 방법으로 굽는다. 향이 나면 완료.

5 4의 껍질을 냄비에 넣고 물을 부은 후, 정종과 다시마를 넣는다.

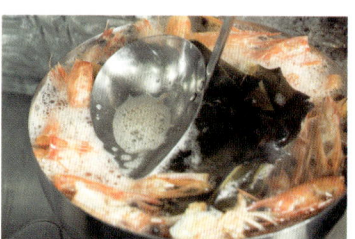

6 센불로 단번에 끓이고 불순물을 한 번 걷어낸 후, 중불로 내린다. 그 다음 불순물을 걷어내지 않고 30분 정도 보글보글 가열한다.

7 쿠킹페이퍼를 깐 체에 내린다.

* 새우와 게를 잘라서 펼친 후 껍질을 그대로 두면 검게 변하므로 바로 냉동하고, 어느 정도 양이 되면 모아서 다시를 낸다.

* 머리 껍질은 분쇄하여 냉동 저장해 두었다가, 진한 국물을 낼 때 사용하고 있다. 물이 끓으면 분쇄한 가루를 넣고 불순물을 걷어낸 후 물기를 제거한다. 이어 오븐에 굽고 위와 같은 방법으로 다시를 낸다.

우부카

새우 다시 달걀말이

새우의 붉은색이 잘 살도록, 노른자가 흰색을 띠는 고메타마고를 사용한다.

재료

달걀(고메타마고) … 5개
보리새우(칼로 두들겨 다진 새우살) … 적당량
보리새우 다시(p.138 참고) … 120㎖
소금, 국간장 … 조금씩
미강유 … 적당량
소메오로시(간 무에 국간장을 조금 넣고 섞는다) … 조금
산초 어린잎 … 조금

만드는 방법

1 달걀과 보리새우 다시를 가볍게 섞고, 약간의 소금과 국간장으로 간을 한 후 다진 보리새우살을 넣는다.
2 미강유를 두른 달걀구이팬을 불에 올리고, **1**을 부은 다음 만다.
3 **2**를 5등분하여 그릇에 담고, 소메오로시를 올린 후 산초 어린잎을 얹는다.

보리새우 완자

보리새우를 껍질부터 살까지 모두 사용한 요리다.

재료

보리새우 … 1마리
보리새우살(칼로 두들긴)
　… 100g
으깬 흰살생선살 … 80g

달걀양념
　― 달걀노른자 … 1개 분량
　　새우내장오일(p.155 참고)
　　　… 100㎖
　└ 새우내장(p.155 참고, 새우내장
　　오일에서 가라앉은 것) … 20g

다시마 다시(p.135 참고)
　… 적당량
보리새우 다시(p.138 참고)
　… 적당량
소금, 국간장 … 조금씩
산초 어린잎 … 조금

만드는 방법

1. 달걀양념을 만든다. 달걀노른자를 볼에 담고, 가장자리에서 새우내장오일을 조금씩 넣어가면서 거품기로 섞어 유화시킨다. 새우내장을 넣고 섞는다.
2. 다진 보리새우살, 으깬 흰살생선살, **1**의 달걀양념을 섞은 후, 다시마 다시를 넣고 살짝 풀어서 완자반죽을 만든다.
3. **2**를 둥근 모양으로 떼어서 끓는 소금물에 데친다.
4. 보리새우 1마리는 끓는 소금물에 살짝 데친 후, 꼬리를 남기고 껍질을 벗긴다(새우내장은 꺼내둔다). 새우살은 먹기 좋게 등쪽에 칼집을 넣고 펼친다.
5. 그릇에 **3**의 보리새우 완자와 **4**의 보리새우를 담고, 새우내장과 두들긴 산초 어린잎을 얹는다
6. 보리새우 다시를 데우고 소금과 국간장으로 간을 하여 **5**에 붓는다.

보리새우 오차즈케

도미 오차즈케를 응용하여 보리새우로 만들었다.

재료

보리새우(활어. 회용) … 3마리
참깨 … 적당량
진간장 … 적당량
구운 김(잘게 채썰기) … 적당량
아라레(작고 동그란 일본과자) … 적당량
와사비(강판에 간) … 적당량
청유자 껍질(청유자채) … 적당량
보리새우 다시(p.138 참고) … 100㎖
밥 … 100g

만드는 방법

1 참깨를 절구에 넣고, 간장을 조금씩 넣어가며 잘 갈아서 섞는다.
2 보리새우는 껍질을 벗기고 살을 잘라서 펼친다.
3 그릇에 밥을 담고, **2**의 새우살에 **1**을 묻혀서 올린다. 김, 아라레, 간 와사비, 청유자채를 올린다.
4 보리새우 다시를 뜨겁게 끓여서, **3**에 붓는다.

벚꽃새우 다시

제철 벚꽃새우의 맛과 보기 좋은 색감을 살린 다시. 이 다시로 밥을 지어서, 다시를 낸 벚꽃새우를 기름에 튀긴 다음 지은 밥 위에 올리면 진정한 벚꽃새우밥이 된다.

여기서 사용하는 다시마 다시는, 벚꽃새우의 감칠맛을 보충하기 위해 맛을 진하게 낸 다시를 사용한다.

재료

벚꽃새우(생) … 500g

다시마 다시
- 다시마(라우스 다시마) … 60g
- 물(정수) … 2ℓ

1 다시마를 분량의 물에 넣고, 냉장고에 하루 그대로 두어 다시마 다시를 낸다. 벚꽃새우는 불순물 등을 제거한다.

2 다시마 다시에서 다시마를 건져내고 불에 올린다.

3 끓으면 불순물(거품)을 살짝 걷어낸다.

4 벚꽃새우를 넣고 센불로 끓인다(여기서 확실히 익히지 않으면 벚꽃새우가 검게 변한다).

5 불순물을 걷어낸다.

6 끓으면 쿠킹페이퍼를 깐 체에 내린다.

7 은은한 분홍빛 다시.

8 체에 남은 벚꽃새우는, 남은 열이 제거되면 손으로 짠다.

9 짜서 나온 국물을 **7**의 다시와 합친다.

* 짠 후의 벚꽃새우. 기름에 튀겨서 밥 위에 올린다.

다시의 과학

벚꽃새우는 보리새우에 필적할 정도로 글루탐산이 많으며, 이노신산은 기대하기 어렵지만 감칠맛 나는 다시다. 여기에 리시리 다시마를 넣어서 깊고 감칠맛이 강한 다시를 만든다.

벚꽃새우밥

벚꽃새우만으로 지은 밥. 좋은 색감을 살리기 위해 조미료도 최소한으로 사용한다.

재료 (3인분)

- 벚꽃새우 다시(p.142 참고) … 540㎖
- 벚꽃새우(p.142와 같이 다시를 낸 후의) … 200g
- 쌀(불린) … 600g
- 튀김기름(미강유) … 적당량
- 소금 … 적당량(다시의 1%)
- 정종 … 20㎖

만드는 방법

1. 벚꽃새우 다시에 소금과 정종을 넣고, 불린 쌀과 합쳐서 밥을 짓는다.
2. 다시를 낸 후의 벚꽃새우는 200℃로 달군 튀김기름에 튀김옷 없이 튀긴 후, 쿠킹페이퍼로 기름기를 제거하고 소금을 살짝 뿌린다.
3. **1**의 밥 위에 **2**의 벚꽃새우를 올린다.

속성 새우 다시 (2번 다시 + 새우 껍질)

2번 다시를 베이스로 새우나 게 다시를 내는 방법이다. 새우, 게 다시가 급히 필요할 때 손쉽게 만들 수 있다. 감칠맛은 이미 2번 다시에 냈기 때문에 새우와 게의 향만 더해주는 느낌이다. 이 방법으로도 풍미가 풍부한 국물을 낼 수 있다.

재료

보리새우 껍질(넓게 올려서 서큘레이터 바람으로
　하루 동안 건조시킨) … 30g
2번 다시(p.137 참고) … 1ℓ

1 보리새우 껍질을 트레이에 펼쳐 올리고, 윗불을 켠 살라만더에 중불로 굽는다.

2 타지 않도록 주의하면서 노릇하게 굽는다. 다 구우면 꺼내서 30g만큼 계량한다.

3 2번 다시를 냄비에 넣고 끓기 직전(80℃)까지 끓인다(끓으면 쓴맛이 나오고, 다시마와 참치의 향도 날아가 버리므로 주의한다).

4 3에 2의 껍질을 넣고 30초 정도 가열한다.

5 쿠킹페이퍼를 깐 체에 내린다.

새우 온면

깔끔하고 깨끗한 새우 다시가 소면과 잘 어울린다.

재료

소면 … 적당량
보리새우 … 1마리(1인분)
대파(잘게 자른. 점액질을 씻어내고 물기를 뺀) … 적당량
유자 껍질 … 적당량
속성 새우 다시(p.144 참고) … 적당량
소금, 국간장, 맛술 … 적당량씩

만드는 방법

1 보리새우는 끓는 소금물에 1분 정도 데친 후, 껍질을 벗기고 살을 잘라서 펼친다. 먹기 좋도록 표면에 칼집을 넣는다.
2 속성 새우 다시를 냄비에 넣고 끓인 후 소금, 국간장, 맛술로 간을 한다.
3 소면을 삶고, 식지 않게 물로 살짝 헹군 후 물기를 제거하여 그릇에 담는다. 1의 새우를 올리고 따뜻한 상태의 2를 붓는다. 새우 위에 대파를 올리고, 유자 껍질을 갈아서 뿌린다.

속성 게 다시(2번 다시 + 게 껍데기)

p.144의 속성 새우 다시와 같은 방법으로, 게 껍데기를 사용하여 만든다.

재 료

대게 껍데기(서큘레이터 바람으로 하루 동안 건조시킨) … 100g
2번 다시(p.137 참고) … 1ℓ

1 게 껍데기를 트레이에 펼쳐 올리고, 윗불을 켠 살라만더에 중불로 굽는다.

2 타지 않도록 주의하면서 노릇하게 굽는다. 다 구우면 꺼낸다.

3 2를 가위로 굵게 자르고 100g만큼 계량한다.

4 2번 다시를 냄비에 넣고 끓기 직전(80℃)까지 끓인다(끓으면 쓴맛이 나오고, 다시마와 참치의 향도 날아가 버리므로 주의한다).

5 4에 3의 껍데기를 넣는다.

6 30초 정도 끓인다.

7 쿠킹페이퍼를 깐 체에 내린다.

대게 배추찜

배추와 게는 궁합이 좋다. 배추에 게 다시를 넣고 뭉근히 찌면, 게의 감칠맛이 배추에 진하게 밴다. ⇨p.212

타차이 게 볶음

언뜻 보기에는 중국요리 같지만, 다시가 일본 스타일인 볶음요리다. ⇨p.212

보리새우 동결농축 다시

구운 갑각류 껍데기와 다시마를 물에 담근 후 냉동하여 낸 다시다. 깔끔한 향과 감칠맛만 추출된, 잡미가 없는 깨끗한 다시를 얻을 수 있다. 다시마의 점액질도 나오지 않는다. 냉동한 것을 냉장고에서 천천히 해동하는 과정에서 맛있는 다시가 나오므로, 미리 준비해두었다가 사용 전날 냉장고에 옮기면 되므로 작업도 편하다. 이 다시로 채소 등을 끓이면 잡미가 전혀 없는 깨끗한 맛의 조림이 된다.

재료

보리새우 껍질(머리를 제거한 껍질) … 400g
다시마(라우스 다시마) … 60g
물(정수) … 2ℓ

1 보리새우 껍질을 철판에 펼쳐 올리고, 윗불을 켠 살라만더에 뭉근히 구워 향을 낸다. 중간에 뒤집어가며 전체에 구운 색이 들게 한다.

2 1의 껍질을 다시마와 함께 지퍼팩에 넣고, 분량의 물을 붓는다.

3 완전히 밀폐하고 냉동실에 얼린다.

4 냉동한 상태로 보관한다.

5 사용 전날 냉장고로 옮겨서 해동하고, 쿠킹페이퍼를 깐 체에 내린다.

* 새우, 게 다시는 굽는 정도에 따라 새우맛, 게맛 나는 맛있는 다시를 낼 수 있다. 동결농축 다시도 마찬가지다.

다시의 과학

구운 보리새우의 마이야르 반응 향은 날아가기 쉬워서, 다시마와 함께 냉동하여 향을 유지해야 한다. 또한 다시마의 알긴산 등의 증점 다당류가 구조를 만들어, 냉동 후 천천히 해동하면 농도가 높은 부분부터 액체가 되어서 진한 다시가 만들어진다. 농도가 높으면 온도가 낮아도 녹는데, 이와 같은 농축방법을 동결농축 또는 아이스필트레이션이라고 한다. 이 방법으로 진한 다시를 얻었다면, 완전히 해동되기 전에 거르는 것이 좋다.

우부카

새우양념 얹은 에비이모

에비이모를 새우 다시로 익혀서 기름에 튀긴다. 다시에 새우살을 넣어 양념을 만든, 새우를 위한 일품요리.

재료

- 보리새우 동결농축 다시(p.148 참고) … 적당량
- 에비이모(새우모양의 교토산 토란) … 1/2개
- 보리새우 … 2마리
- 녹말가루 … 적당량
- 튀김기름 … 적당량
- 소금, 맛술 … 조금씩
- 칡가루 … 적당량
- 유자 껍질(유자채) … 조금

만드는 방법

1 에비이모는 육각기둥 모양으로 자른 후 꼬치가 잘 들어갈 때까지 쌀뜨물에 삶고, 물에 담근다.

2 1이 식으면 물기를 제거하여 냄비에 담고, 보리새우 동결농축 다시를 넣어 소금과 맛술로 간을 한 다음 불에 올린다. 10분 정도 약불로 끓인 후 그대로 두어 자연스럽게 식힌다.

3 2의 에비이모를 한입크기로 썰고 물기를 잘 제거한 후, 녹말가루를 얇게 묻혀서 180℃의 튀김기름에 튀긴다. 그릇에 담는다.

4 보리새우는 껍질을 벗긴 후 살을 칼로 두들긴다.

5 2의 국물을 불에 올리고, 4의 새우를 넣는다. 물에 갠 칡가루를 넣어 걸쭉한 양념을 만들고 3에 끼얹은 후, 유자채를 올린다.

대게 동결농축 다시

p.148 보리새우 동결농축 다시와 같은 방법으로, 대게 껍데기를 사용하여 만든다.

재 료

대게 껍데기 … 600g
다시마(라우스 다시마) … 60g
물(정수) … 2ℓ

1 대게 껍데기를 철판에 펼쳐 올리고, 윗불을 켠 살라만더에 뭉근히 구워서 향을 낸다.

2 다 구우면 트레이에 꺼낸다.

3 끝부분을 가로로 잘라낸다(지퍼팩이 찢기지 않도록).

4 3의 껍데기를 다시마와 함께 지퍼팩에 넣고, 분량의 물을 붓는다.

5 완전히 밀폐하고 냉동실에 얼린다.

6 냉동한 상태로 보관한다.

7 사용 전날 냉장고로 옮겨서 해동하고, 쿠킹페이퍼를 깐 체에 내린다.

대게 다시로 맛을 낸 연어알과 대게

게 다시로 맛을 내면, 연어알과 게가 잘 어우러진다. ⇨p.212

대게 내장을 올린 무찜

굵게 썬 무를 대게 다시로 찐 다음, 카니미소 (게 내장 양념)을 올린다. ⇨p.213

갑각류 콩소메

가게에서는 일식에 구애받지 않고 다양한 장르의 기법을 도입하고 있다. 이 콩소메도 그중 하나다. 겉보기에는 맑은 다시지만 새우와 게의 풍미가 풍부하고, 채소의 단맛 등이 더해져 균형 잡힌 다시다. 농도를 바꾸는 등 폭넓게 응용할 수도 있다. 졸여서 요리에 소스로 사용하거나, 금화햄(중국 절강성 금화에서 생산한 세계 3대 햄 중 하나)을 넣고 상어 지느러미와 함께 끓이면 중국요리 스타일이 되기도 한다.

재료

갑각류 다시 … 약 5000㎖
- 여러 종류의 새우나 게 껍데기(새우나 게를 끓는 소금물에 데치고 살을 발라낸 후의 껍데기. 냉동보관한 것을 사용) … 적당량(지름 34㎝, 높이 5㎝의 냄비에 가득 들어가는 양)
- 물 … 약 5ℓ
- 정종 … 180㎖

* 껍데기 종류는 그때마다 달라지는데, 새우로만 또는 게로만 만들기도 한다. 사용하는 새우나 게의 종류에 따라 맛이 달라진다. 여기서는 킹크랩(왕게), 대게(암컷), 꽃새우, 모란새우, 단새우, 진흙새우의 껍질을 합쳐서 사용했다.

A
- 생강(껍질을 부분적으로 벗기고 가로세로 1㎝ 크기로 깍둑썰기한) … 1톨 분량
- 당근(가로세로 1㎝ 크기로 깍둑썰기한) … 1개 분량
- 양파(껍질을 벗기고 가로세로 1㎝ 크기로 네모나게 썬) … 1개 분량
- 양파 껍질 … 1개 분량
- 닭고기 다짐육(가슴살) … 1㎏
- 달걀흰자 … 4개 분량
- 정향 … 3~5개

정종 … 180㎖
토마토(꼭지를 떼고 십자모양 칼집을 넣은) … 1개

* 향이 강한 셀러리나 월계수는 넣지 않는다.

1 갑각류 다시를 낸다. 새우나 게 껍데기를 냄비에 가득 채운다.

2 간신히 잠길 만큼 물을 붓고, 정종을 넣는다.

3 2를 센불에 올리고, 끓으면 불순물을 걷어낸다(새우 껍질이 많으면 불순물이 많이 나온다).

4 중불로 줄이고(센불이면 탁해지고, 약불이면 맛이 나지 않는다) 가끔씩 맛을 확인해가며 30분 정도 끓인다.

5 쿠킹페이퍼를 깐 체에 내린다.

6 완성한 다시. 냉장고에 하루 동안 두어 차게 식힌다.

7 콩소메를 만든다. 들통냄비에 A를 함께 넣고 손으로 골고루 섞는다.

8 7에 식힌 6의 다시를 넣는데, 아래쪽 탁한 다시가 들어가지 않도록 주의하며 조금씩 떠 넣는다. 다시 섞는다.

9 어느 정도 섞이면 나머지 다시를 모두 넣고 섞는다. 정종을 180㎖ 더한다.

10 9를 센불에 올리고, 눌어붙지 않게 냄비 바닥까지 닿도록 손으로 섞는다(손을 넣을 수 있는 온도까지).

11 10이 뜨거워지면 토마토를 넣는다. 냄비 바닥에 달라붙지 않게 나무주걱으로 저으면서 끓기 직전까지 가열한다.

12 닭고기 다짐육과 채소가 떠오르고, 끓기 직전이 되어 보글거리면 약한 중불로 내린다.

13 가운데에 구멍을 내면서 20분 정도 끓인다(새우나 게는 시간이 너무 지나면 비린내가 난다).

14 콩소메 완성.

15 쿠킹페이퍼를 깐 체에 14의 국물을 주걱으로 조심스럽게 떠서 붓는다.

16 거른 콩소메. 이것을 얼음물에 담가 급랭한 후, 냉장고에 하루 동안 두어 차게 식힌다.

17 16을 다시 한 번 15와 같은 방법으로 체에 내리고, 위에 뜬 기름을 제거한다.

* 프랑스요리에서는 맑은 육수를 낼 때 소고기 다짐육을 사용하는데, 새우나 게의 경우 맛이 부족할 수 있으므로 냄새가 없는 닭고기를 사용한다.

다시의 과학

다시가 탁해지는 것은 대부분 분산된 지방 때문인데, 프랑스요리에는 다짐육과 달걀흰자의 단백질을 이용하여 육수를 맑게 만드는 기술이 있다. 다짐육과 달걀흰자를 차가운 육수에 섞은 후 천천히 가열한다. 이때 단백질이 변성하면서 분산되어 있는 지방을 감싸고, 가열에 의한 대류로 표면에 떠오르는 성질을 이용하는 방법이다.

새우 콩소메로 조린 쇼고인 무

새우로 만든 콩소메를 쇼고인 무에 충분히 배게 한다. 다시 맛이 잘 살도록 불필요한 것은 아무것도 넣지 않는다.

재료(만들기 쉬운 양)

- 보리새우 콩소메(껍질은 보리새우만 사용하고 p.152와 같은 방법으로 만든)··· 적당량
- 쇼고인 무 ··· 1개
- 유자 껍질(유자채) ··· 적당량

만드는 방법

1. 쇼고인 무는 껍질을 벗겨서 16등분한다. 쌀뜨물로 데치고 남은 열을 식힌다.
2. **1**의 쇼고인 무를 냄비에 담고, 보리새우 콩소메를 간신히 잠길 만큼 부어서 끓인다.
3. 1인분에 1조각이 되도록 **2**를 잘라서 그릇에 담고, 끓인 국물 60㎖를 붓는다. 유자채를 올린다.

갑각류 콩소메 소스를 얹은 온천달걀

갑각류 콩소메로 소스를 만들었다. 이 소스 덕분에 온천달걀이 화려하고 고급스럽게 완성된다.

재료(1인분)

달걀(고메타마고*) … 1개
갑각류 콩소메(p.152 참고) … 적당량(1인분 30㎖)
칡가루 … 적당량
새우 아라레**, 어린잎채소 … 적당량씩

* 고메타마고_ 닭에게 쌀을 먹여서 노른자가 흰 달걀.
** 새우 아라레_ 아라레에 새우내장오일(아래 참고)을 묻힌 후, 오븐에 구워서 말린다.

만드는 방법

1 고메타마고로 온천달걀을 만들고 그릇에 담는다.
2 갑각류 콩소메를 데우고, 물에 갠 칡가루를 넣어 걸쭉하게 만든 후 **1**에 30㎖만큼 붓는다. 새우 아라레를 뿌리고 어린잎채소를 올린다.

새우내장오일

① 냉동보관해 둔 새우머리(내장 포함)를 냄비에 담고, 같은 양의 미강유를 넣은 후 센불에 올린다. 150℃ 정도까지 온도를 올린다. 가끔씩 저어가며 타지 않도록 주의하면서 볶는다. 고소한 향이 나고 다리 부분이 바삭해지면, 볼 위에 체를 올려서 거른다.
② ①의 체에 남은 껍질을, 매셔로 위에서 눌러 오일을 짜낸다.
③ 볼에 내려진 오일이 새우내장오일이다. 바닥에 가라앉은 새우내장도 딥 등에 사용할 수 있다.

따개비 다시

따개비로 게와 조개를 합친 듯한 맛있는 다시를 낼 수 있다. 껍데기에서도 맛이 나오므로 물에 넣고 끓이도록 한다. 염분이 강하기 때문에 간을 할 때 소금은 거의 필요 없다.

재료

봉우리따개비(아오모리현 양식산) … 2kg
대파(초록 부분) … 적당량
생강(얇게 썬) … 적당량
정종 … 360㎖
물(정수) … 적당량

1 따개비는 흐르는 물에 대고 수세미로 깨끗이 문질러 불순물 등을 제거한다.

2 1을 냄비에 담고, 대파의 초록 부분과 생강을 넣은 후 정종과 물을 간신히 잠길 만큼 붓는다.

3 알루미늄포일로 뚜껑을 만들어 덮고, 불에 올린다.

4 끓으면 불순물을 걷어내고 센불에 약 3분 끓인다.

5 쿠킹페이퍼를 깐 체를 볼에 올리고, 다시를 내린다.

6 따개비에 남은 열이 사라지면, 안쪽에 숟가락 자루를 찔러 넣고 살을 껍데기에서 분리한다. 안에도 다시가 가득하므로, **5**의 볼 위에서 작업한다.

7 살을 핀셋으로 꺼낸다(살은 요리에 사용한다).

8 감칠맛이 풍부한 다시.

* 살은 단단한 부분을 제거하여 씻은 후, 1% 소금물에 넣고 흔들어 세척한다. 이어 껍데기 등을 제거한 다음 요리에 사용한다.

우부카

따개비와 순채

영귤의 신맛을 잘 살려서 산뜻하게 완성한다.

재료

따개비 다시(p.156 참고) … 적당량
영귤즙 … 적당량
따개비살(p.156처럼 다시를 낸 후의) … 적당량
순채 … 적당량

만드는 방법

1. 따개비 다시에 영귤즙을 짜 넣고, 냉장고에 식혀둔다.
2. 순채는 살짝 데쳐서 색이 나면 얼음물에 담가 식힌다.
3. 그릇에 **1**을 넣고, **2**의 순채와 따개비살을 올린다.

따개비 젤리

따개비 다시를 한천으로 굳혀서 젤리로 만든다. 염분이 강하므로 소금은 거의 넣지 않는다. ⇨p.213

따개비 다시국

따개비 다시가 주인공인 국. ⇨p.213

우부카

따개비 달걀찜

따개비의 감칠맛과 소금으로만 맛을 낸다.

재료

따개비 다시(p.156 참고) … 4(비율)
달걀 … 1(비율)
따개비살(p.156처럼 다시를 낸 후의) … 적당량
생강(간) … 적당량

만드는 방법

1 달걀 1 : 따개비 다시 4의 비율로 섞어서 체에 내린다. 그릇에 담고 김이 오른 찜기에 넣어 15분 동안 찐다.
2 완성한 1 위에 따개비살과 간 생강을 올리고, 다시 찜기에 넣어서 데운 다음 제공한다.

일본식 새우 비스크

본래 일본요리에는 없는 방법으로 다시를 낸다. 비스크는 보통 채소의 비율이 약간 더 높은데, 여기서는 새우 껍질을 넉넉히 사용하고, 마늘을 사용하지 않으며, 생강과 다시마를 넣고, 화이트와인 대신 정종과 1번 다시를 사용한다. 따라서 프랑스요리보다 일본요리에 가깝게 완성된다.

재료 (만들기 쉬운 양)

새우 껍질과 머리(내장 포함) … 1kg
대파(초록 부분) … 30g
생강 … 20g
미강유 … 180㎖
양파(다진) … 1개 분량
셀러리(다진) … 1줄기 분량
당근(다진) … 1개 분량

정종 … 200㎖
밥 … 100g
토마토주스(무염) … 500㎖
1번 다시(p.136 참고) … 500㎖
물(정수) … 500㎖

1 대파의 초록 부분과 생강을 미강유로 볶아서 향을 낸다.

2 향이 나면 새우 껍질과 머리를 넣고 주걱으로 으깨면서 볶아(센불→중불), 껍질을 충분히 익힌다(냄비 옆면에 들러붙을 때까지).

3 전체가 붉은색이 될 때까지 볶는다(처음에 전체를 익혀두지 않으면, 검게 완성된다).

4 향이 나기 시작하면 양파, 셀러리, 당근을 넣는다.

5 볶는다.

6 중불로 15분 정도 볶아서 향이 나고, 냄비 옆면에 들러붙을 때까지 볶는다(이것이 새우 특유의 감칠맛이 된다. 단, 타지 않게 주의한다).

우부카

7 냄비 옆면에 들러붙기 시작하면 아래 위를 뒤집어준다. 그 다음 1~2번 아래위를 뒤집어가며 익힌 후 정종을 넣는다.

8 주변에 들러붙은 것은 떼어낸다.

9 불을 세게 올리고 알코올을 날린 후 밥, 토마토주스, 1번 다시를 넣어 섞는다. 다시 불을 세게 올려 15분 정도 끓인다.

10 불을 끈다. 상온에서 식혀 남은 열을 제거한 후 믹서로 간다.

11 굵기가 다른 체 2개를 겹쳐서 보관용기 위에 둔 다음, **10**을 붓고 주걱으로 누르면서 내린다.

12 체에 남은 것.

13 체에 남은 **12**를 냄비에 다시 담고, 물 500㎖를 넣어 10분 정도 끓인다. 냄비 옆면에 들러붙은 것은 고무주걱으로 떼어낸다.

14 **13**을 다시 체에 내린 후, **11**의 체에 올리고 다시 주걱으로 누르면서 내린다.

15 완성.

* 먼저 굵은 체에 내리고, 아래의 고운 체에 다시 내리면 식감이 좋아진다. 처음부터 고운 체로 내리면 밑으로 떨어지지 않는다.

일본식 보리새우 비스크

생크림을 넣고 소금으로 간만 하면 맛있는 수프가 완성된다.

재료 (1인분)

일본식 새우 비스크(p.160 참고. 보리새우 껍질과 머리로 만든)
　… 50㎖
생크림(유지방분 35%) … 25㎖
소금, 굵게 간 후추 … 적당량씩
아라레 … 적당량

만드는 방법

1 일본식 새우 비스크를 냄비에 넣고 불에 올린 후, 따뜻해지면 생크림을 넣고 섞는다. 소금으로 간을 한다.
2 따뜻하게 데운 그릇에 **1**의 비스크를 붓고, 굵은 후추와 아라레를 뿌린다.

보리새우 롤양배추

비스크가 진한 소스 역할을 한다.

재료(1인분)

일본식 새우 비스크(p.160 참고. 보리새우 껍질과 머리로 만든)
　… 적당량
1번 다시(p.136 참고) … 조금
보리새우 살(생보리새우 껍질을 벗기고 칼로 두들긴) … 20g
양배추(소금물에 데친) … 1장
소금 … 조금
물에 갠 칡가루 … 적당량
어린잎채소 … 조금

만드는 방법

1. 두들긴 보리새우살을 양배추로 감싼 다음, 김이 오른 찜기에 넣어 10분 동안 찐다.
2. 일본식 새우 비스크에 1번 다시를 조금 넣어 묽게 만들고, 소금으로 간을 한다. 물에 갠 칡가루를 넣어 걸쭉하게 만든다.
3. 뚝배기에 **1**을 넣고 **2**를 부은 후, 어린잎채소를 올린다.

진한 게 수프

게의 감칠맛에 채소의 단맛을 더한 진한 수프. 사용하는 게 껍데기에 따라 맛이 달라진다. 여름이면 꽃게를 사용해서 비교적 담백하게, 겨울이면 털게, 대게 등을 사용해서 진하게 만든다. 소금으로 간을 맞추어 그대로 수프로 제공하거나, 생크림을 넣어 비스크 스타일로 만들어도 좋다. 무 등의 뿌리채소를 넣고 익혀도 맛이 좋다.

재료

게 껍데기(내장 포함*) ··· 1kg
미강유 ··· 조금
정종 ··· 500㎖
1번 다시(p.136 참고) ··· 500㎖
물(정수) ··· 500㎖ + 1ℓ
식용유 ··· 적당량
대파(초록 부분. 다진) ··· 20g
생강(다진) ··· 10g
양파(다진) ··· 20g
셀러리(다진) ··· 10g
당근(다진) ··· 20g
토마토(또는 홀토마토. 작게 깍둑썰기한) ··· 1개 분량
밥 ··· 50g

* 그날 삶아 살을 발라낸 후의 게 껍데기(게 종류는 때에 따라 다르다). 내장 부분도 넣으면 다시가 진해진다. 내장이 없는 껍데기로 만들면 다시는 깔끔해진다.

1 냄비에 미강유를 둘러서 센불에 올리고, 게 껍데기를 넣는다. 주걱으로 으깨면서 익힌다. 가능한 곱게 으깨는 편이 다시를 내기 좋다.

2 수분이 빠져나오면 중불로 내린다. 냄비 옆면을 긁고, 타지 않게 저으면서 고소한 맛이 날 때까지 볶는다(오븐에 구워도 좋다).

* 냄비에 들러붙은 부분은 맛의 기반이 되지만, 한곳이라도 타버리면 사용할 수 없으므로 향을 확인해가며 계속 젓는다(타기 일보 직전이 맛있다).

3 정종을 넣고, 알코올을 확실히 날리면서 냄비를 긁은 후 1번 다시와 물 500㎖를 더한다. 끓으면 10분 정도 졸인다.

4 3을 로봇쿠프(Robot Coupe)로 간다.

5 이중으로 겹친 체에 내린다.

6 체에 남은 껍데기를 냄비에 다시 넣은 후, 물 1ℓ를 넣고 끓인다. 끓으면 중불로 줄여서 10분 더 끓인다.

7 6을 이중으로 겹친 체에 붓고 위를 눌러가며 내린 후, **5**의 액체와 합친다.

8 다른 냄비에 식용유, 대파, 생강을 넣고 볶는다.

9 향이 나면 양파, 셀러리, 당근을 넣고 갈색이 될 때까지 볶는다. 중불~약불로 뭉근히 볶아 단맛을 낸다.

10 토마토를 넣는다.

11 밥을 넣는다(걸쭉해지도록).

12 11에 **7**의 수프를 조금씩 넣어가면서 섞고 가열한다.

13 끓으면 약불로 줄인 다음 10~20분 더 끓인다.

14 바믹스(Bamix)로 섞는다. 밥의 전분에 의해 걸쭉해진다.

15 이중으로 겹친 체에 붓고, 국자로 눌러서 내린다.

16 완성.

* 체는 고운 것 위에 굵은 것을 이중으로 겹쳐서 사용한다.

게 수프

게의 진한 풍미를 즐길 수 있는 일본식 수프.

재료

진한 게 수프(p.164 참고) … 적당량
털게살(끓는 소금물에 데친 후 껍데기에서 발라낸) … 적당량
생강(생강채) … 조금
소금 … 적당량

만드는 방법

1 털게살은 윗불을 켠 살라만더에 살짝 구워서 향을 낸다.
2 1을 그릇에 담고, 데워서 소금으로 간을 한 진한 게 수프를 붓는다. 게 위에 생강채를 올린다.

다른 장르 셰프의 일본식 다시 사용 방법
「서브림 スブリム」
가토 준이치

프랑스요리는 비스크라는, 껍질에서 우려낸 크림소스를 즐겨 사용한다. 비스크는 매우 맛이 훌륭한 소스로 원래 바닷가재를 위해 만든 소스다. 그래서 닭새우를 사용하려고 마음먹었을 때, 처음부터 이 비스크를 조합했던 것 같다. 프랑스요리는 소스가 정말 훌륭하다. 먹었을 때 소스의 느낌이 더욱 강해진다.

닭새우는 바닷가재보다 더 섬세하다. 그래서 p.168 요리에서는 닭새우 살의 섬세함을 살리기 위해, 고소함이 더해지지 않도록 저온에서 버터로 익혔다. 여기에 짠맛이 강한, 매우 훌륭한 맛의 소스를 조합하면 어떨까 궁금해졌다. 하지만 이 소스를 사용하면 바닷가재나 닭새우도, 더 나아가 보리새우나 블랙타이거도 모두 같은 느낌이 되어 버려서, 모처럼 좋은 재료를 골라 사용했는데 그 의미가 없어져 버리는 것은 아닐까 싶었다. 이 요리를 먹은 손님은 요리 자체만 보고 맛있다고 느낄지 모르지만, 재료를 잘 살린 요리라고는 말하기 어렵다. 재료를 잘 살린 요리로 완성하기 위해 이 닭새우에 다른 소스를 조합하고 싶었고, 참치포 다시와 허브를 사용한 소스를 매치했다. 일본요리다운 접근 방식인 셈이다.

요즘은 선택의 폭이 넓어져서 다양한 방식을 시도할 수 있는 시대다. 프랑스요리에 일본식 다시를 사용하는 일이 예전처럼 드물지 않게 되었지만, 어디까지나 그 재료에 필요하다고 생각했을 때 사용한다. 일본식 다시를 사용하고 싶다는 생각에서 요리를 구상하는 경우는 없다.

일본식 다시는 이렇게 사용해야 한다는 고정관념이 있으면, 오히려 사용하기 어려워질지도 모른다. 가다랑어포를 사용한 다시에는 훈연향이 있으니까, 감칠맛이 있고 훈연향이 나는 소스라고 보면 사용방법의 폭도 더 넓어지지 않을까? 그렇게 강한 주장도 아니고, 재료를 돋보이게 하는 부분 중 하나로 생각해 보면 어떨까 싶다.

「서브림」은 도쿄 아자부주반에 있는 프랑스요리 레스토랑이다. 가토 준이치가 셰프를 맡고 있다.
가토 셰프는 조리사학교를 졸업한 후, 시바파크호텔 「타테루 요시노(Tateru Yoshino)」에서 견습을 거쳐 와카야마의 「오텔 드 요시노(Hotel de Yoshino)」에서 셰프로 일했다. 그 후 프랑스로 건너가 파리의 「아스트랑스(Astrance)」를 거쳐 덴마크 코펜하겐의 「AOC」, 「레스토랑 마샬」에서 북유럽요리를 배웠다. 일본에 돌아온 후에는 2015년 「서브림」을 오픈한 동시에 셰프로 취임했다.
탄탄한 프랑스요리 기술을 바탕으로 북유럽의 기술과 프레젠테이션을 조합하여, 일본 식재료를 적극적으로 활용한 독창적인 요리를 만들고 있다.

참치포와 허브소스의
닭새우 버터구이

버터와 다시가 만났을 때 향과 맛이 매우 좋아지는데,
여기에 허브의 산뜻함이 더해지면 더욱 맛있게 느껴진다.
다만 가다랑어포 다시가 조금 강하기 때문에,
더 섬세한 맛의 참치포 다시를 사용하고 있다.

서브림

생강 풍미 시트와 대게 젤리

본래 게와 생강 조합을 좋아해서, 게살로 만든 게 콩소메에 다시마와 함께
생강 풍미를 세지 않게 살렸다. 양파무스를 사이에 넣고,
마지막으로 생강 다시마물로 만든 젤리시트를 씌운다.
이렇게 겹쳐 담으면 먹을 때 맛과 식감의 변화를 즐길 수 있는,
애피타이저에 알맞은 요리가 완성된다.

참치포와 허브소스의 닭새우 버터구이

재료
닭새우 … 1마리
버터(무염) … 적당량
소스
┌ 다시마 다시* … 적당량
│ 참치포 … 적당량
│ 칡가루 … 적당량
└ 로즈마리오일** … 적당량
조롱박피클*** … 적당량

* 다시마 다시_ 리시리 다시마를 물에 넣고, 60℃로 1시간 정도 끓인다.
** 로즈마리오일_ 로즈마리 1 : 해바라기오일 2 비율로 섞어서 믹서기에 간 후 면보에 내린다.
*** 조롱박피클_ 조롱박에 조롱박 퓌레를 넣어서 만든 피클.

만드는 방법
1 닭새우는 끓는 물에 넣어 1분 동안 데친 후 얼음물에 담근다. 식으면 살을 껍질에서 발라낸다.
2 버터를 냄비에 넣고 약불로 녹인 후 **1**의 살을 넣는다. 색이 많이 들지 않도록, 천천히 미디엄 레어로 익힌다.
3 소스_ 다시마 다시에 참치포를 넣고 살짝 끓인 후, 체에 내려서 1번 다시를 만든다. 물에 갠 칡가루로 걸쭉하게 만들고 로즈마리오일을 더한다.
4 **2**의 닭새우를 그릇에 담고 조롱박피클을 곁들인 후, 데운 **3**의 소스를 끼얹는다.

생강 풍미 시트와 대게 젤리

재료
대게(암컷) … 적당량
향미채소, 생강, 다시마(리시리 다시마), 달걀흰자, 판젤라틴(불린) … 적당량씩
허브(시블레트, 세르퓌유, 쑥갓, 이탈리안파슬리, 딜) … 적당량
양파무스
└ 양파, 버터(무염), 달걀흰자 … 적당량씩
다시마와 생강 젤리시트
┌ 다시마(리시리 다시마), 생강, 이나한천(이나식품회사의 한천)
└ … 적당량씩
마이크로 쑥갓(쑥갓 어린잎) … 조금
쑥갓오일* … 조금

* 쑥갓오일_ 쑥갓 1 : 해바라기오일 2 비율로 섞어서 믹서에 간 후 면보로 거른다.

만드는 방법
1 대게를 데쳐서 살, 내장, 난소, 알을 꺼낸다(껍데기는 보관한다). 살은 풀어둔다.
2 **1**과 별도로 생대게를 토막내어 **1**의 껍데기, 향미채소, 생강, 다시마와 함께 냄비에 넣고, 물을 간신히 잠길 만큼 부은 후 불에 올린다. 2시간 정도 끓여서 게 다시를 낸다.
3 **2**에 달걀흰자를 넣어 맑은 콩소메를 만든다.
4 **3**에 젤라틴을 넣고, 풀어둔 대게살과 허브를 더하여 섞는다.
5 양파무스_ 슬라이스한 양파를 색이 나지 않도록 버터에 뭉근히 볶는다. 익으면 믹서로 갈아 퓌레를 만든다. 달걀흰자를 더하고 에스푸마(거품을 만드는 기계)로 무스를 만든다.
6 다시마와 생강 젤리시트_ 다시마를 물에 넣고 60℃로 1시간 정도 끓여서 다시마물을 만든다. 다시마물을 적당량 덜어서 살짝 끓이고, 불에서 내린 후 슬라이스한 생강을 몇 장 넣는다. 향이 배면 조심스럽게 거른다. 이 생강 다시마물에 이나한천을 넣고 넓은 트레이에 얇게 부어서 굳힌다. 둥근 틀로 찍는다.
7 그릇에 **4**를 담고, **5**의 양파무스를 짠 후 **6**의 젤리시트를 씌운다. 마이크로 쑥갓을 얹고 쑥갓오일을 두른다.

다른 장르 셰프의 일본식 다시 사용 방법
「돈 브라보 ドンブラボー」

다이라 마사카즈

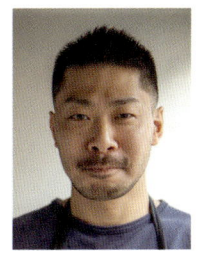

다시뿐만 아니라 나 자신이 만들고 있는 요리의 장르는 별로 의식하지 않는다. 요리를 공부한 레스토랑이 이탈리아 레스토랑, 유학 간 나라가 이탈리아였을 뿐이다.

레스토랑 본연의 자세로 이탈리아 향토요리를 그대로 전한다면 육수나 간장을 사용하지 말아야 하며, 이탈리아 식재료를 사용하여 현지 맛에 가깝게 내는 것도 좋다고 생각한다. 하지만 나 자신이 지금 가장 맛있다고 생각하는 요리를 내놓는 곳을 만들고 싶어서 가게를 시작했다. 따라서 감칠맛이 있는 쪽이 더 맛있는 요리라면 일본식 다시를 사용한다. 그렇게 하지 않으면 맛있는 요리를 만든다는 목적에서 벗어나 버린다.

귀국 후 다양한 장르의 요리사와 관계를 맺거나 스터디 모임 등에도 참가하면서, 얻은 지식이나 정보는 적극적으로 활용하고 있다. 일본식 다시도 일본요리 셰프가 가르쳐 준 방법으로 만들고 있다.

가게에서는 코스요리만 제공한다. 단품요리라면 어떤 요리라도 그 안에서 균형을 잡을 필요가 있지만, 코스요리라면 코스 전체에서 5가지 맛의 균형을 잡아야 손님에게 감동을 줄 수 있다고 생각한다. 따라서 감칠맛이 필요한 경우가 발생한다.

일본식 다시는 서양식 육수에 없는 감칠맛, 밸런스, 차분함 등이 있어서 일본인에게 편안함을 준다. 또한 일반적인 이탈리아요리를 생각하고 온 손님에게 의외의 느낌을 줄 수 있어, 코스 중 애피타이저로 사용하기에 안성맞춤인 것 같다. 예를 들어 현재 코스에서 처음에 내고 있는 「미네스트로네」라는 요리는, 자투리 채소 등으로 낸 다시에 닭 육수를 더하고 올리브오일을 둘러서 제공한다. 요리이름에서 떠오르는 이미지를 가볍게 배반하고, 지금부터 시작될 코스에 대한 기대감도 불러일으킨다.

「돈 브라보」는 도쿄 조후시 고쿠료에 있는 이탈리아요리 레스토랑이다.
다이라 마사카즈 셰프는 하야시 도세이가 운영하는 히로오의 「ACCA(앗카)」에서 견습을 시작했다. 그 후 이탈리아로 건너가 피렌체의 「라 텐다 로사(La Tenda Rossa)」 외 여러 곳에서 견습을 거듭했다. 일본에 돌아와 「리스토란티노 바르카(Ristorantino Barca)」(현 「TACUBO」) 오픈에 참여했고, 시모우마의 「보콘디비노(Boccondivino)」 셰프로 일한 다음 독립했다. 2012년에 「돈 브라보」를 오픈했다.
지금까지의 식문화 체험과 이탈리아 향토요리를 참조하면서 일본 식재료나 조리기법도 자유롭게 도입하여, 기존 이탈리아요리에 얽매이지 않은 맛있는 요리를 제공하는 것을 목표로 삼고 있다.

봉골레

바지락이 맛있는 계절, 코스 중 스타터로 내는 메뉴다. 메뉴에는 친숙한 요리이름인 「봉골레」라 쓰여있다. 제공되는 것은 상상과는 다른, 일식 느낌의 맑은 국 같은 요리. 하지만 마셔보면 일식 느낌이 아니다. 이런 혼란스러움이 이 메뉴의 특징이다. 일본식 다시를 「이탈리아」식으로 만들어 주는 것은 마지막에 넣는 오일이다.

달걀찜

달걀찜에 와카야마의 「야마리」 시라스를 올린 요리다. 삶은 시라스는 지방이 잘 돌고 부드러워 맛이 매우 좋다. 시라스와 달걀은 본래 궁합이 좋아, 이탈리아에서도 오믈렛(프리타타)으로 친숙하다. 그러나 시라스의 섬세한 맛을 살리려면 오믈렛보다 다시의 맛이 돋보이는 달걀찜이 낫지 않을까 해서 조합해보았다.

누구나 알고 있는 달걀찜에 시라스, 케이퍼, 올리브오일을 곁들여서 새로운 요리가 탄생했다. 전혀 모르는 것이 아니라, 먹어 본 것에 무언가를 더했을 때 생겨나는 의외성이 재밌다.

고등어와 드라이토마토

튀김옷을 묻혀 튀긴 고등어에 드라이토마토 다시를 조합했다. 드라이토마토 불린 물을 그대로 다시로 사용한 요리다. 재료 사용법이나 상상력이 일본요리답다.

봉골레

재료

1번 다시
- 다시마(리시리 다시마) … 25g
- 가다랑어포 … 5g
- 물 … 1ℓ

바지락 다시
- 바지락 … 적당량

이탈리안파슬리 오일
- 이탈리안파슬리, 생참기름 … 적당량씩

엑스트라버진 올리브오일 … 조금

만드는 방법

1. 1번 다시_ 다시마를 물에 담가 하룻밤 둔다.
2. 1을 모두 냄비에 넣고, 80℃에 1시간 반 끓인다.
3. 다시마를 건져낸 후, 한소끔 끓이고 불순물을 걷어낸다.
4. 85℃로 온도를 낮추고 가다랑어포를 넣는다. 불에서 내리고, 체에 내린다.
5. 바지락 다시_ 바지락이 잠길 만큼 물을 붓고 불에 올린다. 껍데기가 열리고 원하는 맛이 나면, 불에서 내린 다음 거른다.
6. 이탈리안파슬리 오일_ 이탈리안파슬리와 생참기름을 합치고, 바이타믹스 블렌더로 갈면서 60℃까지 데운다. 색이 나면 하루 동안 천천히 거른다.
7. 바지락 다시 7 : 1번 다시 3 비율로 합쳐서 데운다. 그릇에 붓고, 엑스트라버진 올리브오일 1방울과 이탈리안파슬리 오일을 떨어뜨린 다음 제공한다.

달걀찜

재료

- 1번 다시(위 참고) … 적당량
- 달걀 … 적당량
- 국간장 … 적당량
- 케이퍼(소금절임을 만들고 소금기를 제거한), 삶은 시라스, 엑스트라버진 올리브오일 … 적당량씩

만드는 방법

1. 1번 다시, 달걀, 국간장을 합쳐서 거른 후 그릇에 담고 찜기에 5분 동안 쪄서 부드러운 달걀찜을 만든다.
2. 1 위에 케이퍼와 삶은 시라스를 올리고, 그 위에 엑스트라버진 올리브오일을 뿌린다.

고등어와 드라이토마토

재료

드라이토마토 다시
- 물 … 1ℓ
- 드라이토마토 … 250g

- 고등어(생. 토막썰기한) … 적당량
- 소금, 밀가루, 달걀, 빵가루, 튀김기름 … 적당량씩
- 부라타치즈 … 조금
- 숙성감자 퓌레* … 적당량
- 토마토 파우더 … 조금

* 숙성감자 퓌레_ 홋카이도 무라카미 농장의 숙성감자를 쪄서 껍질을 벗기고 으깬 후, 우유와 버터를 넣어 섞는다(드라이토마토 다시에 짠맛이 있으므로, 소금은 더하지 않는다).

만드는 방법

1. 드라이토마토 다시_ 분량의 물에 드라이토마토를 넣은 다음, 진공팩에 담아 진공상태로 만들고 하루 동안 그대로 둔다(사용하는 드라이토마토에 따라 맛에 차이가 난다).
2. 고등어에 소금을 뿌리고 밀가루, 달걀물, 빵가루 순서로 묻혀서 바삭하게 튀긴다.
3. 2를 그릇에 담고, 부라타치즈를 조금 갈아서 뿌린 후 감자 퓌레를 얹는다. 토마토 파우더를 뿌리고 1의 드라이토마토 다시를 붓는다.

* 다시를 낸 후의 드라이토마토는 맛이 빠져나갔기 때문에 직원 식사 등에 사용한다.

주요 다시 재료

| 다시마
| 가다랑어포
| 니보시 · 야키보시

다시마

주요 다시마 종류와 생산지

다시마의 품종은 14속 45종이며, 그중 일본인이 식용으로 사용하는 것은 10종 정도다.

일본 다시마의 약 95%는 홋카이도 전역에, 나머지는 아오모리현, 이와테현, 미야기현의 산리쿠해안을 따라 자란다.

홋카이도 연안에서는, 한류(오야시오)가 흐르는 태평양쪽에 나가 다시마나 히다카 다시마 등이 자란다. 시레토코 반도의 네무로쪽에는 라우스 다시마, 츠시마 난류가 흐르는 일본해 연안과 오호츠크해 연안에는 호소메 다시마와 리시리 다시마가, 츠시마 난류에서 갈라진 츠가루 난류가 오야시오와 만나는 오시마 반도 동부연안부터 우치우라만, 무로란 지키우곶 근처까지는 참다시마가 자란다.

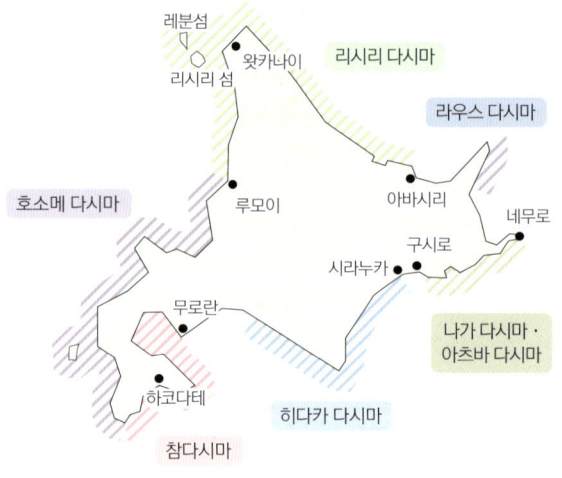

다시마의 분포지역은 해류(수온) 이외에도 육지나 바닷속 암반의 종류, 모래사장인지 아니면 자갈밭인지, 산에서 흘러들어오는 양분 등 다양한 환경요인과 연관된다.

참다시마

「야마다시 다시마」라고도 하는데, 그 유래로 「집적지인 하코다테로 운반하려면, 이 지역의 다시마가 산(야마)을 넘어 출하(다시)되기 때문에」 등 여러 설이 있다. 연한 색의 단맛 나는 다시를 얻을 수 있으며, 특히 오사카에서 즐겨 사용한다.

홋카이도 남쪽의 오시마 지청 시라카미부터 하코다테시, 에산을 거쳐 우치우라만에 이르는 지역에 서식하고, 혼슈에서는 아오모리현 시모키타반도, 이와테현, 미야기현 연안에 서식한다.

다시마는 같은 종류라도 자라는 장소에 따라 품질이나 맛이 다르다. 홋카이도 남쪽에서는 시오쿠비곶을 경계로 바다 조건이 크게 다르기 때문에, 곶의 동쪽과 서쪽 다시마의 제품 특성도 달라진다.

오시마 반도에서 사와라~에산곶 지대는 「시로구치하마」*, 에산곶~시오쿠비곶 지대는 「구로구치하마」*, 시오쿠비곶~하코다테 지대는 「혼바오리하마」라 불리며, 우수한 제품을 내는 「홋카이도 남쪽 3대 명물」로 알려져 있다. 그 밖에도 「마오리하마」, 「바치가이오리하마」 등이 있다.

* 시로구치하마와 구로구치하마는 모토조로에다시마(p.180 참고)가 중심이며, 각각 「시로구치 모토조로에」, 「구로구치 모토조로에」라 불린다. 「시로구치」, 「구로구치」는 다시마를 잘랐을 때의 절단면 색에 따라 나뉘는데 절단면이 하얗게 보이는 다시마를 「시로구치」, 검게 보이는 다시마를 「구로구치」라 부르고, 이 다시마가 나는 바닷가를 각각 「시로구치하마」, 「구로구치하마」라 부르며 상표명으로도 삼고 있다.

리시리 다시마

리시리 다시마는 홋카이도의 최북단인 리시리, 레분 섬과 루모이 북쪽, 왓카나이의 노샤츠부 곶, 소야곶을 거쳐 오호츠크해 연안의 아바시리에 이르는 지역에 서식한다.

리시리, 레분 섬에서 나는 것은 「시마모노」, 다른 지역에서 나는 것은 「지카타」라고 불린다. 품질은 시마모노가 더 좋으며 고급품으로 유통된다. 레분섬의 가후카하마와 후나도마리하마, 리시리섬의 센보시하마와 구츠가타하마 등이 대표적인 수확 지역으로 그중에서도 가후카산이 특별하다고 한다.

식물학적으로는 참다시마의 변종인데, 모습은 참다시마보다 폭이 좁고 잎의 엽저 부분이 가는 쐐기모양이다. 색은 흑갈색이며 잎이 단단하다. 평평하게 말리지 않아서 꼬인 모양을 하고 있다.

투명하고 냄새가 없는 고급스러운 다시를 낼 수 있으며, 특히 교토에서 즐겨 사용한다.

구라가코이 다시마

말린 다시마를 다시 장기 숙성시키는 작업이 있다. 「구라가코이」라 불리는 공정으로 후쿠이현 츠루가 등의 다시마 도매상이 맡고 있다.
눈 때문에 길이 막혀 다시마를 실어 나를 수 없을 때, 눈이 녹을 때까지 어쩔 수 없이 다시마를 쌓어 저장고에 보관하기 시작했다. 이 과정이 다시마에 좋은 작용을 한다는 사실이 우연히 발견되어 「구라가코이」로 이어졌다.
육상교통이 정비됨과 동시에 이 「구라가코이」를 담당하는 다시마 도매상도 줄어들었다. 하지만 츠루가시의 「오쿠이카이세이도」에서는 현재도 도조(흙벽으로 만든 저장고)에 가깝게 만든 전용 저장고 안에, 짚으로 엮은 멍석을 덮어 빛과 바람을 차단하고 습도 60% 내외, 연간 20~22℃ 내외의 온도를 유지하며 최소 1년, 길게는 2, 3년에 걸쳐 천천히 숙성시키고 있다.
장기숙성 가능한 다시마는 특정 수확지의 천연다시마로, 햇볕에 말리는 것이 조건이다. 그중에서도 레분섬의 가후카하마산 리시리 다시마가 가장 훌륭하게 숙성된다고 알려져 있다.

라우스 다시마

정식 이름은 「리시리계 에나가오니 다시마」이다. 시레토코 반도의 네무로쪽 연안에서만 자란다. 20~30cm의 넓은 폭을 가지며 길이는 1.5~3m로, 채취할 수 있는 해역이 좁고 희귀하다.

햇볕에 말린 다음 밤이슬에 적시고, 그것을 펴고 말았다 다시 편 다음 다시 햇볕에 말려서 건조시키는데, 다른 다시마보다 제조 공정이 복잡하여 손이 더욱 많이 간다.

어획기 전반에 채취한 것을 「하시리」, 후반에 채취한 것을 「마루라」라고 부른다. 또한 표면 색이 검은색인 「구로구치」와 적갈색인 「시로구치」로 나뉘며, 모양이 좋은 구로구치가 시로구치보다 비싸게 거래된다.

다시는 노란색을 띠며, 진하고 향이 선명하다.

그 밖의 다시마

히다카 다시마
히다카군 신히다카초(전 미이시군 미이시초)가 속한 히다카지방이 주산지로, 미츠이시 다시마라고도 불린다(정식 일본명칭 ミツイシコンブ). 도카치지방 연안에서 시라누카에 이르는 지역과 홋카이도 남쪽에도 서식한다. 길이 2~7m, 폭 6~15cm로 가늘며 가장자리가 구불구불하지 않다. 짙은 녹색에 흑갈색을 띠며 부드러운 섬유질이 특징이다. 그래서 빨리 익으며 다시용 다시마뿐 아니라, 조림 재료, 다시마말이, 츠쿠다니(간장과 설탕으로 달짝지근하게 조린 음식) 등에 자주 사용한다.

다시로 만들면 바다내음이 강하고 조금 쉽게 탁해지며, 다른 다시마에 비해 단맛이 적다. 간토 북쪽에서 즐겨 사용한다.

나가 다시마
미츠이시 다시마의 변종 중 하나. 구시로 근처에서 북쪽, 구나시리섬, 시코탄섬, 에토로후섬에 걸친 해역에 서식한다. 일본 연안에서 나는 다시마 종류 중에 길이가 가장 긴데, 20m에 이르는 것도 있다. 폭이 6~18cm로 가장자리가 구불구불하지 않다. 수명은 3년으로 알려져 있다.

다시에는 적합하지 않지만 익히기 쉬워서 어묵, 다시마말이, 츠쿠다니 등의 재료로 사용된다. 가정요리의 식재료로「하야니콘부(조림다시마)」나「야사이콘부(채소다시마)」등의 상품명으로도 유통된다.

가고메 다시마
하코다테, 무로란 연안 등 참다시마와 거의 같은 지역에 서식한다. 잎 전체가 울퉁불퉁한 모양으로 바구니 무늬(가고메)처럼 보인다고 해서 붙은 이름이다. 끈기가 강하며, 그 기반이 되는 수용성 식이섬유질「후코이단(끈적한 점질구조의 다당류)」을 많이 함유하여 건강식품으로도 주목받게 되었다. 마츠마에즈케(오징어, 다시마, 당근, 청어알 등을 간장으로 절인 음식)를 만들 때 빠지지 않는 다시마이기도 하다.

아츠바 다시마
갓가라다시마라고도 한다. 나가 다시마와 거의 같은 지역에 서식한다. 잎이 두껍고 가장자리도 거의 구불구불하지 않다. 츠쿠다니, 염장다시마, 다시마말이 등의 재료로 쓰인다.

호소메 다시마
홋카이도의 일본해쪽, 리시리, 레분 섬에서 오시마 반도의 후쿠시마초까지 분포한다. 가장 오래전부터 채취해온 다시마지만 현재 생산량은 많지 않다. 1년생을 얻기 위해 1년째 여름에 채취한다. 가늘고 색이 검고, 자른 단면은 희다. 끈기가 강하여 도로로다시마(다시마를 가늘게 썰어서 만든 식품)나 낫토다시마 등의 재료로 사용한다.

다시마의 일생

재료로 수확되는 다시마 대부분은 수명이 2년이다(3 ~ 4년인 경우도 있다).

다시마는 고사리나 버섯과 마찬가지로 「포자」로 증식한다. 단, 이 포자에는 편모가 있어서 바닷물 속을 헤엄칠 수 있으며 그래서 「유주자」라 불린다.

방출된 유주자는 헤엄치다가 성장에 적합한 바위 등에 붙고, 발아 성장하여 「배우체」가 된다. 이 배우체는 수컷과 암컷이 있고, 성숙하면 정자와 난자을 만들어 수정란을 낳는다. 이 수정란이 발아, 성장하여 「어린 포자체」가 된다. 어린 포자체는 초봄부터 성장하기 시작하여 여름에는 큰 다시마의 모습(포자체)이 된다. 초가을에는 성숙하여 다시 유주자를 만들고 방출한다. 이 1년차의 다시마는 겨울이 될 무렵 휴지기에 들어가 엽상부의 절반 이상이 말라 죽는다. 하지만 이듬해 봄이 되면 남은 엽상부의 아래쪽 성장점에서 다시 자라나, 첫해보다 크게 성장한다. 초가을에는 다시 유주자를 만들고, 그것을 방출한 후 말라죽어 생을 마친다.

다시마의 구조와 성장

다시마는 맨 밑에 있는 보통 「뿌리」라 부르는 부분, 그 바로 위의 가는 경상부(줄기), 그 위의 엽상부(잎) 이렇게 세 부분으로 이루어진다. 「뿌리」는 육상식물과 달리 영양분을 흡수하는 활동이 거의 없고, 바위 등에 붙어 움직이지 않게 돕는 기관이다. 우리가 먹거나 다시를 내는 데 사용하는 부분은 주로 엽상부로, 바닷속에서 다시마는 이 부분으로 광합성을 하며, 바닷속 영양분도 흡수한다.

다시마는 육상식물과 달리 엽상부 아래쪽에 성장점(성장을 위한 세포분열이 활발한 곳)이 있으며, 엽상부 끝부분을 향해 성장한다. 즉, 다시마는 잎 끝부분이 오래되고(늙고), 뿌리에 가까운 부분이 새로운(어린) 셈이다.

천연다시마의 채취에서 출하까지

대부분의 천연다시마는 2년차의 크게 성장한 것을 채취한다. 1년차 다시마는 「미즈콘부」라 불리며, 잎이 얇아 다시가 나오지 않기 때문에 수확하지 않는다.

다시마의 채취에서 출하까지 대략적인 흐름은 다음과 같다.

① 우선 어업인이 이른 아침에 바다 밑에서 다시마를 채취한다(고기잡이 나가는 날은, 다시마가 하루면 건조될 수 있게 날씨가 좋은 날을 고른다).
② 채취한 다시마를 자갈이 깔린 건조장으로 옮겨, 바닷물로 씻은 후 넓게 올려서 햇볕에 건조시킨다*.
③ 저녁이 되면 창고에 보관한다. 적당히 건조된 상태가 될 때까지, 햇볕 건조와 보관을 반복한다.
④ 원하는 길이로 자르거나, 폭이 넓은 다시마는 밤이슬을 맞게 하여 늘리고 다시 건조시키는 등의 작업을 진행한 후, 다시마 전용 창고에서 재운다(이를 「안조」라고 한다). 그동안 다시마는 새까만 색이 되고, 다시마 냄새는 줄어든다.
⑤ 다시마에 따라 가장자리를 자르는 등 모양을 정리한 후, 규격에 맞게 선별하고 품목과 등급별로 묶는다. 검사를 받고 출하한다.

* 햇볕 건조 외에 기계를 사용해서 건조하는 방법도 있으며, 같은 생산지라도 날씨에 따라 햇볕 건조와 기계 건조를 함께 사용할 때가 있다.

양식다시마

양식하는 다시마는 참다시마, 리시리 다시마, 라우스 다시마 등 산지와 품종 면에서 상품가치가 높은 것이 대부분이다. 특히 오시마 지역(참다시마)에서는 양식다시마의 비중이 매우 높아지고 있다.

양식 과정은 우선 성숙한 천연다시마를 채취하고 육상 시설에서 종묘를 배양, 생산한 후 바닷속에서 본격적으로 양성을 시작한다. 양식다시마는 천연다시마와 달리 바닷속에 매달려 성장하기 때문에, 밑바닥을 향해 자라는 모습이 된다.

다시마 양식은 천연과 같이 2년 정도의 기간을 거친 후 채취하는 2년 양식과, 모종을 촉성처리하여 1년 남짓 기른 다음 채취하는 촉성양식이 있다.

다시마의 규격과 등급

같은 종류의 다시마라도 다양한 조건과 규격에 따라 분류되며, 그에 따라 가격도 달라진다. 다시마의 가격을 결정하는 조건으로 채취하는 바닷가, 등급, 자연산과 양식산 등이 있다.

예를 들어, 참다시마의 경우 채취하는 바닷가는 가격이 비싼 곳부터 시로구치하마 → 구로구치하마 → 혼바오리하마 → 마오리하마 → 바지가이오리하마 순이고, 리시리 다시마의 경우 레분섬 → 리시리섬 → 왓카나이, 히다카 다시마의 경우 도쿠조하마 → 가미하마 → 나카하마 → 나미하마 순이다. 성장하는 장소(하마)에 따라 품질 등에 미묘한 차이가 생기며, 해마다 다소 변동이 있어 하마별로 가격을 구성한다. 이를 「하마가격차」라고 한다.

등급은 「홋카이도 수산물검사협회」가 정하는 길이, 폭, 무게, 두께, 색, 모양, 상처나 흰 가루(만니톨) 유무 등 규격에 따라 1등급부터 6등급까지 등급을 정하는데, 폭이 넓고 두꺼운 것일수록 등급이 높아진다. 생산자는 건조를 끝낸 다시마를 규격에 따라 일정한 길이로 절단하거나 묶는다. 천연과 양식 중 천연 쪽 가격이 비싸다.

[제품 관련 용어]

모토조로에 다시마_ 뿌리를 모아서 묶은 다시마. 예전에는 긴 채로 묶었지만, 현재 라우스다시마는 대부분 75㎝로, 참다시마는 90㎝ 길이로 접어서 묶는다.

나가키리 다시마_ 75~105㎝의 일정한 길이로 잘라서 묶은 다시마.

보 다시마_ 20~60㎝ 길이로 잘라서 묶은 다시마.

오리 다시마_ 자르지 않고 27~75㎝의 일정한 길이로 접어서 묶은 다시마.

가다랑어포

주요 생산지

재료가 되는 가다랑어는 현재 대부분 태평양 적도 부근 해역에서 어획하여, 동결 후 운반해온 것을 사용한다(드물게 근해에서 잡은 가다랑어를 사용하기도 한다). 따라서 생산지에 따라 재료가 되는 가다랑어도 다를 수밖에 없으며 어획시기, 어획방법 등에 따라 가다랑어포의 품질에 차이가 생긴다. 어획방법에 있어서는 그물어획보다 외줄낚시로 어획하여 1마리씩 냉동했을 때 이노신산의 양도 많고, 신맛의 기반인 젖산의 양도 적다고 한다.

가다랑어포의 기본적인 제조방법은 같지만, 공장마다 가다랑어 자르는 방법, 익히는 방법, 훈연하는 방법 등 세세한 부분을 연구하여 특색 있는 맛을 내고 있다.

가다랑어포 생산지는 가고시마현의 마쿠라자키시와 이부스키시, 시즈오카현의 야이즈시가 중심이며, 이 세 도시에서 일본산 가다랑어포의 약 98%를 생산한다. 모두 어항(어선이 정박하는 항구)이 있으며, 가다랑어 어획부터 가다랑어포 제조까지 일관된 시스템으로 이루어져 있다.

마쿠라자키시_ 일본산 가다랑어포 생산량 1위. 시내에는 40곳이 넘는 가다랑어포 공장이 있다. 가다랑어포 제조 역사가 300년 이상이다.

이부스키시_ 일본산 가다랑어포 생산량 2위. 28곳의 가다랑어포 공장이 있다. 혼카레부시의 제조기술이 높으며, 품질 좋은 혼카레부시를 제조하고 있다.
* 이전에는 야마가와항에서 어획하고 이부스키시 야마가와 지역에서 제조했기 때문에, 「야마가와산 가다랑어포」라고도 불린다.

야이즈시_ 냉동 가다랑어 어획량 일본 1위, 일본산 가다랑어포 생산량 3위. 15곳의 가다랑어포 공장이 있고, 공장마다 특징이 있다.

가다랑어포의 제조방법

가다랑어포는 제조방법의 차이에 따라 「아라부시」와 「가레부시」로 나뉜다. 차이점은 곰팡이가 붙었는지의 여부다. 「가레부시」는 곰팡이의 힘으로 발효, 숙성시켜서 가다랑어포의 풍미를 높인다.

아라부시

① **나마기리_** 해동한 가다랑어를 산마이오로시 (3장뜨기)하여 3kg 이하의 작은 가다랑어는 그대로, 일반 가다랑어포(혼부시)가 되는 3kg 이상의 가다랑어는 지아이 부분을 경계로 각각의 살을 다시 2등분한다. 등쪽 살로 만든 것을 「오부시(등부분)」, 배쪽 살로 만든 것을 「메부시(배부분)」라고 한다. 또한 3kg 이하의 가다랑어로 만든 가다랑어포는 거북이를 닮은 모양 때문에 「가메(거북이)부시」라 불린

다. 이렇게 3kg 이하의 가다랑어로는 2개, 3kg 이상의 가다랑어로는 4개의 가다랑어포를 만들 수 있다.

② 가고다테_ 손질한 가다랑어 살을 전용 바구니에 나란히 담는다.

③ 자숙(샤주쿠)_ 바구니들을 겹치고, 90℃ 내외의 따뜻한 물로 (가다랑어의 크기에 따라) 1시간 반~2시간 반 정도 삶는다. 가다랑어의 근육 세포가 열변성하고 대사활동이 멈춘다.

④ 뼈제거_ 식힌 후 껍질 일부를 벗겨내고 손질하여 뼈를 제거한다. 완성된 것을 보통「나마리부시」라고 부른다. 이것을 다시 바구니에 나란히 담는다.

⑤ 1차 배건(바이칸)_ 배건은 나마리부시를 불에 쬐어 건조하는 작업이다. 첫 번째는 특히「이치반히(1차 쬐기)」또는「미즈누키바이칸(물빼기 배건)」이라고도 하며, 90℃ 정도에서 1시간 정도 가볍게 훈연한다. 표면의 잡균을 죽이는 것이 주목적이다.

⑥ 수선_ 깨지거나 부서진 부분에 가다랑어 페이스트(익힌 것과 날것을 합친)를 발라서 모양을 다듬는다(이후 작업에 의해 부서지는 것을 방지하기 위해).

⑦ 배건과 암증(안조)_ 본격적인 배건 과정. 배건 방법에 따라 다르지만 하루 5~8시간 정도 불에 쬔 후, 밤사이에 8시간~반나절 휴지시킨다(암증). 이를 10~15일 정도 반복한다.

한 번에 건조시키지 않고, 배건과 암증을 반복함으로써 내부의 수분도 점점 제거된다. 표면에 검은 타르가 묻은 상태로, 훈연에 의해 독특한 향이 나고 지방분의 산화방지, 방부효과도 얻을 수 있다.

* 여기까지 끝낸 것을「아라부시」라고 한다. 사용 전에 표면의 타르는 깎아낸다. 시판 가다랑어포는 대부분 이 아라부시다.

가레부시

① 아라부시

② 표면깎기_ 아라부시의 표면에 달라붙은 타르를 그라인더로 깎아내어 모양을 다듬는다. 모양을 다듬은 것을「하다카부시」라고 한다. 보기 좋은 적갈색을 띤다.

③ 햇볕 건조_ 하다카부시를 며칠 동안 햇볕에 말린다.

④ 곰팡이 피우기_ 하다카부시를 전용 저장고에 넣어 곰팡이를 피운다. 처음 곰팡이가 자라기 시작하면 햇볕에 건조시킨 후 솔로 털어내고, 2주 정도에 걸쳐 다음 곰팡이를 피우는 작업을 반복한다. 곰팡이 피우는 작업을 최소 2회 이상 반복한 것을「가레부시」라 부르며, 3회 이상 반복하여 더욱 숙성시킨 것을「혼카레부시」라 부른다.

* 곰팡이가 성장하는 과정에서 포에 남아 있던 수분이 흡수되어 건조가 진행되며, 미생물의 활동에 의해 발효, 숙성되어 풍미가 더해진다. 또한 탁한 다시의 원인이 되는 표면의 지방분이 분해되어, 맑은 다시를 얻을 수 있다.

[**지아이 제거 여부**]

생선의 지아이는 혈관이 많이 모여있고, 비린내가 강한 부분이다. 가다랑어포에는 지아이를 남긴 것과 제거한 것이 있다. 다시는 지아이가 들어간 쪽의 맛이 강하고, 지아이를 제거한 쪽은 냄새나 잡미가 억제되어 고급스러운 투명한 다시가 된다. 요리에 따라 나누어 사용한다.

[깎는 방법과 다시]

포는 깎아서 사용하며, 깎는 방법에 따라 다시를 내는 방법도 달라진다. 대부분 일식집에서 얇게 깎은 것을 사용하지만, 간토지방의 소바집이나 우동집 등에서는 두껍게 깎은 가다랑어포를 사용하여 다시를 충분히 우려내는 것이 일반적이다.

깎은 포는 향이 휘발되기 쉬우므로, 얇게 깎은 포로 내는 국 등의 다시는 가능한 내기 직전에 밀거나 하여 향을 살려야 한다.

그 밖의 포 종류

포의 재료가 되는 생선은 가다랑어만이 아니다. 참치, 고등어, 정어리 등 다른 생선으로도 가다랑어포와 같은 방법으로 포를 만들 수 있다. 이것들을 통틀어 「자츠부시」라고도 부르는데, 요리에 따라서는 꼭 필요한 재료가 되었다.

참치포

참치 중에서도 지방이 적은 황다랑어의 유어(1.5~3kg)로 만든다. 간토에서는 「메지부시」, 간사이에서는 「시비부시」라고도 한다. 가레부시는 거의 없고, 아라부시가 대부분이다. 다시는 색이 옅고 냄새가 없으며 고급스러운 맛이 특징이다. 게즈리부시가 그대로 먹어도 맛있고, 색이 하얗기 때문에 요리에 뿌리는 「이토케즈리」로도 많이 가공된다.

물치포

물치 가다랑어(주로 몽치다래)를 재료로 한다. 몽치다래는 눈과 입이 가까워서 「메지카(눈이 가깝다는 뜻)」라는 이름으로 불리는 지역도 있는데, 이때 포는 「메지카포」라 불린다. 고치현의 도사시미즈가 가장 큰 산지다. 다시는 맛과 색이 진하고, 소바나 우동 국물 등에 가다랑어포나 고등어포와 함께 사용되는 경우가 많다.

고등어포

주로 망치고등어로 만든다. 망치고등어는 참고등어에 비해 지방질이 적어 포에 적합하다.
다시는 감칠맛이 강하고 잡미가 적다. 향은 약하다. 소바나 우동 국물 등에 가다랑어포나 물치포와 함께 사용되는 경우가 많다.

그 밖에 간사이지방의 우동집 등에서 사용하는 정어리, 멸치, 눈퉁멸 등으로 만드는 정어리포, 일본 중부지방에서 흔히 쓰이는 갈고등어포, 라면가게 등에서 사용하면서 주목받게 된 꽁치포 등이 있다.

니보시 · 야키보시

니보시는 해산물을 삶은 다음 건조시켜서 만든 식품이다. 재료로 멸치, 정어리, 눈퉁멸, 전갱이, 갈고등어, 어린 도미, 날치, 고등어, 꽁치 등 여러 종류의 생선이 사용되는데, 간단히 「니보시」라고 하면 멸치를 가리키는 경우가 많다. 「야키보시」는 삶지 않고 구운 후 건조시켜서 만들기 때문에 감칠맛이 더욱 농축된다.

멸치 니보시에는 시로구치 니보시와 아오구치 니보시 2종류가 있다. 세토 내해와 나가사키 일부에서(치바의 구주쿠리에서는 짧은 시기에만) 잡히는, 등 색깔이 옅은 멸치로 만든 것이 시로구치 니보시다. 일본해나 간토 외해에서 잡히는, 등 색깔이 검은 멸치로 만든 것은 아오구치 니보시다.

서일본에서는 멸치 니보시를 「이리코」라 부른다. 가가와현의 사누키 우동에는 이 이리코 다시가 빠지지 않는다. 니보시는 모양이 다듬어져 있고 날씬한 것이 평가가 좋다. 신선도가 낮은 생선을 사용하면 배 부분이 터져있는 경우 등을 볼 수 있으며, 날씬한 생선의 니보시는 지방산화에 따른 품질저하가 잘 일어나지 않기 때문이다.

감칠맛이 풍부한 니보시(이리코)를 만들기 위해서는, 재료가 되는 멸치를 어획한 다음부터 삶기까지의 시간을 얼마나 줄일 수 있는지가 중요하다. 가가와현의 이부키섬은 최고의 멸치어장으로 알려져 있는데, 어획 장소와 가공 장소가 매우 가깝기 때문에 품질 좋은 멸치 생산지가 되었다.

이리코(가가와현산)

세토 내해 히우치나다의 멸치로 만든다. 멸치는 성장한 정도에 따라 작은 것부터 차례로 지리멘(시라스), 가에리, 고바, 주바, 오바라고 불리며, 가에리에서 오바까지의 크기로 만든 것을 이리코라 한다. 다시에는 주로 고바에서 오바까지의 크기를 사용한다. 고바로 낸 다시는 담백한 국물이 되며 주바, 오바로 넘어갈수록 다시도 강해진다.

아고 야키보시

아고는 날치를 뜻하는데, 규슈와 일본해 쪽에서 불리는 이름이다. 나가사키현 히라도가 유명한 산지로, 니보시보다 진하고 강한 풍미의 다시를 낼 수 있다.

참고문헌

「だしの基本と日本料理」 柴田書店編(柴田書店)
「昆布と日本人」 奥井隆(日本経済新聞出版社)
「だしの神秘」 伏木 亨(朝日新聞出版)

참고URL

https://kombu.or.jp/
https://www.konbukan.co.jp/
https://www.kurakon.jp/
https://www.hro.or.jp/
http://www.h-skk.or.jp/
http://ogurayayamamoto.co.jp/

だし

다시에 대한 생각

dashi

1번 다시의 조리과학

가와사키 히로야

다시마나 포의 종류에 따라 함유한 감칠맛 성분의 양이 다르고, 가열시간과 온도에 따라 추출되는 감칠맛 성분이나 향 성분의 양과 질 또한 다르다. 결국 고려해야 할 조건이 복잡할 수밖에 없다. 하지만 무언가 바꿨을 때 맛이나 풍미에 어떤 변화가 있는지 알 수 있다면, 어느 정도 예측하면서 만들어 볼 수 있다. 이들 조건에 대한 설명과 함께, 이 책에서 소개하는 음식점*의 1번 다시를 비교해보면 더 깊은 이해가 가능할 것이다.

* 다시 재료의 무게를 알 수 있는 5곳.

1번 다시의 재료와 다시 내는 방법의 조건에 대해 생각해보자.
고려해야 할 조건을 정리하면 다음과 같다.

1 다시마 종류
2 포 종류(가다랑어포, 참치포)
3 다시마와 포의 양, 물의 양
4 가열시간과 온도(다시마와 포)

이것에 대해 각각 설명한 후, 다시 내는 방법을 이야기하겠다.

1 다시마 종류

먼저 다시마의 종류와 숙성이다. 일식집에서 사용하는 대부분의 다시마는 리시리 다시마, 참다시마, 라우스 다시마로 감칠맛 성분인 글루탐산이 가장 많은 것은 라우스 다시마다. 그 다음으로 참다시마가 많고, 리시리 다시마가 가장 적다. 일식집에서는 일정 기간 재워서 숙성시킨 다시마를 많이 사용한다. 다시마 숙성의 목적은 일정 습도의 저장고에 넣어두면 「맛이 좋아진다」는 것이지만, 최근 연구에서 숙성 중에 글루탐산이 증가하지 않는다는 사실이 밝혀졌다. 숙성에 따라 맛에 영향을 끼치는 것은 지방산화물의 휘발과 마이야르 반응이다. 여기서 지방산화물은 다시마를 건조하는 과정에서 생성되며, 이른바 다시마 냄새로 느낄 수 있다. 마이야르 반응은 아미노산과 당의 반응에 의해 일어나고, 갈색 성분이 생기면서 고소한 향이 난다. 숙성 다시마로 낸 다시가 갈색인 것은 마이야르 반응에 의해 생겨난 성분 때문이다. 여기서 말하는 지방산화물이나 마이야르 반응의 성분은 한 종류가 아니라, 복잡한 화학반응으로 생겨난 성분의 총칭이다.

2 포 종류

가다랑어포를 사용할지 아니면 참치포를 사용할지 결정하는 일은 지역보다는 어떤 요리를 만들지에 따라 달라지지만, 감칠맛 성분인 이노신산은 참치포가 더 많다는 데이터가 있다. 물론 이노신산의 많고적음 말고도 향 성질이 다르다는 점이 있어, 이런 점들을 종합적으로 생각할 필요가 있다.

혼카레부시를 많이 사용하는 편인데, 혼카레부시는 훈연과 곰팡이 피우기가 이루어져야 한다. 훈연에 의한 훈연향은 다시에 독특한 향을 부여하는데, 일본의 1번 다시가 세계에서도 독보적일 수 있는 큰 요인이다. 곰팡이 피우기로 생긴 곰팡이는 가다랑어 표면의 수분을 감소시켜, 좋은 냄새를 가진 지방산화물을 만든다고 알려져 있다. 또한 훈연 할 때 마이야르 반응으로 생겨난 성분도 붙어서 가다랑어포의 복잡한 향을 만들어낸다.

3 다시마와 포의 양, 물의 양

다시마와 포의 양이 물의 양에 비해 많을수록 감칠맛 성분도 당연히 많이 추출된다. 그러나 앞서 설명했듯이 다시마나 포에 따라 감칠맛 성분인 글루탐산과 이노신산이 함유된 양도 다르다. 예를 들어 같은 양의 리시리 다시마와 라우스 다시마를 넣어도, 추출되는 감칠맛 성분의 양이 다르기 때문에 다시마와 포의 양만으로는 감칠맛의 세기를 조절할 수 없다.

또한, 감칠맛 상승효과에 대한 연구를 통해 글루탐산과 이노신산이 같은 농도일 때 감칠맛이 가장 강하게 느껴진다는 사실이 밝혀졌다. 물론 다시마와 포의 양을 같게 한다 해도 포함된 글루탐산과 이노신산의 양이 같아지는 것은 아니기 때문에, 각각의 다시에 함유된 글루탐산과 이노신산의 농도를 고려해볼 필요가 있다.

그렇다고 글루탐산과 이노신산의 양을 같게 해야 한다는 것도 아니다. 글루탐산이 많이 추출되면 뒷맛에서 감칠맛의 여운이 긴 다시가 되고, 글루탐산과 이노신산을 낮은 농도로 1:1에 가깝게 만들어 감칠맛 상승효과를 이용하면 뒷맛이 깔끔한 다시가 된다(p.193 **그림6** 참고). 이는 감칠맛 상승효과로 감칠맛이 강하게 느껴져도 글루탐산과 이노신산의 농도가 낮아서 감칠맛 성분이 입안에서 빨리 사라지기 때문이다.

표1_ 주요 다시마의 글루탐산 양과 포의 이노신산 양

다시마의 글루탐산 양		포의 이노신산 양	
참다시마 1등급 (2002년산)	3049mg/100g	가다랑어포	474mg/100g
라우스 다시마 2등급 (2002년산)	3384mg/100g	참치포	967mg/100g
리시리 다시마 1등급 (2002년산)	1494mg/100g		

* 감칠맛 인포메이션 센터(http://www.umamiinfo.jp)의 「감칠맛 데이터베이스」에서 발췌 (소수점 이하 버림)

4 가열시간과 온도

다시를 내는 방법에서 중요한 것은 각각의 맛 성분이나 향 성분의 물에 대한 용해성이다. 기본적으로 글루탐산이나 이노신산은 물에 녹는다. 따라서 다시마를 상온의 물에 넣어도 감칠맛 성분인 글루탐산이 물에 녹으면서 다시가 완성된다. 물론 온도를 높이면 글루탐산이나 이노신산이 물에 더 쉽게 녹기 때문에, 감칠맛 성분도 물에 빠르게 추출된다.

한편, 향 성분은 물에 잘 녹지 않는 것이 대부분이다. 하지만 가다랑어포의 향 성분인 마이야르 반응의 향이나 훈연향 성분에는 수용성인 것이 많다. 그렇기 때문에 다시 재료에서 감칠맛 성분뿐 아니라 향 성분도 추출할 수 있어, 향이 풍부한 다시가 완성된다. 단, 향 성분은 온도가 높아지면 휘발한다. 향 성분에 따라 휘발하는 온도가 다르지만 온도가 높을수록 빨리 휘발하는 성분도 있기 때문에, 다시를 낸 후에는 바로 제공하거나 밀폐하여 되도록 빨리 식혀서 향을 유지하는 일이 중요하다.

리시리 다시마의 경우, 열량을 가해 추출하면 글루탐산뿐 아니라 향 성분도 제대로 추출할 수 있다. 라우스 다시마나 참다시마는 글루탐산이 많기 때문에, 열량을 가하지 않고 가열해도 향을 조절해가며 글루탐산을 추출할 수 있다. 포 종류는 1번 다시에 얇게 깎은 것을 사용하기 때문에 기본적으로 이노신산은 바로 우러날 것으로 생각되지만, 향도 제대로 추출하려면 바닥에 가라앉은 후 내리는 것이 좋다.

p.189 그래프(**그림1**)는 가게별로 다시에 사용하는 다시마와 가다랑어포, 참치포에서 추출되는 글루탐산과 이노신산 농도를 보여준다. 단, 다시를 낸 다음 분석한 것이 아니라 아직 사용하지 않은 다시 재료의 양으로 계산한

결과다. 따라서 실제로는 가열조건에 따라 추출되는 성분이 달라진다. 참고로 가열조건은 다시마 다시의 「가열 온도 × 시간」을 「열량」으로 산출한 후, 그 값에 따라 붉은색의 진한 정도로 나타냈다.

앞서 설명했듯이 글루탐산과 이노신산이 같은 농도일 때 감칠맛은 더욱 강하게 느껴진다. 「기야마」의 1번 다시는 글루탐산과 이노신산이 계산상으로 거의 같은 정도의 균형을 이룬다. 다시마 다시의 가열 열량이 높기 때문에(가열 온도도 높고 시간도 길다) 글루탐산은 충분히 추출된다. 계산상 감칠맛 세기(감칠맛 세기 계산값. p.189 **그림3** 참고)에서 높은 값을 보여주고 있는데, 다시마 다시만으로 진한 국물이 되었다기보다 뒷맛이 깔끔한 1번 다시가 되었다고 예측할 수 있다.

「데노시마」의 경우, 글루탐산도 이노신산도 적지만 감칠맛 세기 계산값은 어느 정도 높다. 이는 글루탐산과 이노신산의 농도가 낮아도 비슷한 양으로 균형을 이루고 있어서 감칠맛 상승효과를 받기 때문이라고 생각된다.

「고하쿠」와 「스이」의 경우, 감칠맛 세기 계산값은 엇비슷하지만 「고하쿠」는 감칠맛 상승효과에 따라 뒷맛이 깔끔한 1번 다시가, 「스이」는 글루탐산의 감칠맛과 다시마 향을 살려서 여운이 긴 1번 다시가 되었다고 예측할 수 있다.

「우부카」의 경우, 글루탐산과 이노신산 모두 많고 가열 열량도 커서 글루탐산이 많이 추출될 것이다. 따라서 진하고, 뒷맛의 감칠맛이 강하면서 긴 1번 다시가 되었다고 예측할 수 있다.

가게의 현재 1번 다시를 기준으로 다시마의 글루탐산, 가다랑어포나 참치포의 이노신산 농도, 향 성분, 가열 열량으로부터 만들고자 하는 1번 다시의 방향성을 생각할 수 있다. 성분 분석을 하지 않아도, 예를 들어 감칠맛이 강하고 뒷맛이 깔끔한 다시를 내고 싶다면 감칠맛 상승효과를 고려하여 이노신산이 많은 참치포의 양을 늘려 보는 것이다. 만약 감칠맛의 여운을 길게 하고 싶다면 다시마 양을 늘리거나, 라우스 다시마와 참다시마로 만들어 보는 것도 괜찮다.

다시의 맛은 감칠맛 등의 맛 성분과 향 성분으로 이루어지는데, 이것들을 다시 재료에서 물로 옮기는 일이 「다시를 낸다」는 조리과정이다. 다시 재료와 내는 방법의 조합은 최종적으로 어떤 요리를 완성할 것인가 하는 생각에서 거슬러 올라가 선택해야 한다. 즉 「올바른 다시 내는 방법」을 생각하기보다 다시 내는 방법과 다시의 맛, 풍미와의 관계를 이해하는 것, 그리고 더 나아가 만들고자 하는 다시의 맛, 풍미를 결정하고 그로부터 다시 내는 방법을 결정하는 일이 중요하다.

표2_ 그래프 작성에 사용한 데이터

음식점	다시마	가다랑어포 또는 참치포	다시마 다시 가열조건	열량	다시마 종류	포 종류	글루탐산	이노신산	감칠맛 세기 계산값
고하쿠	10.0	20.0	60℃×40분	2400	참다시마	가다랑어포	304.9	94.8	377
기야마	18.0	53.3	85℃×75분 +30분	8925	리시리 다시마	가다랑어 아라부시 +가다랑어 혼카레부시 +참치포	268.9	252.8	843
스이	20.0	10.0	40℃×60분 +80℃×30분	4800	참다시마	가다랑어 혼카레부시	609.8	47.4	408
우부카	25.0	25.0	60℃×120분	7200	라우스 다시마	참치포	846.0	241.7	2538
데노시마	15.0	15.0	65℃×90분	5850	리시리 다시마	가다랑어 혼카레부시	224.1	71.1	214
	mg/ 물1000㎖	mg/ 물1000㎖					mg/ 다시1000㎖	mg/ 다시1000㎖	

* 사용하는 재료의 무게 범위가 넓을 경우 최소량을 기록했다.
* 다시마 다시의 가열시간 범위가 넓을 경우 최장시간을 기록했다.
* 열량은 다시마 다시의 가열온도 × 시간(분)으로 계산한다. 「기야마」는 불을 끄고 「+30분」 내에 85℃가 유지된다고 가정한다. 「데노시마」처럼 상온의 물에 넣어 우려내는 경우는 열량에 포함하지 않는다.
* 글루탐산과 이노신산 양은 다시마에 함유된 글루탐산과 포에 함유된 이노신산이 100% 추출된다고 가정했을 때의 수치다. p.187 표1의 데이터를 바탕으로, 각 가게의 다시마와 포 사용량으로 계산했다. 조리열량은 고려하지 않았다. 「기야마」는 가다랑어포만 사용한다는 가정하에 계산했다.
* 감칠맛 세기 계산값은 감칠맛 세기를 나타내는 계산식으로 계산했다(소수점 이하 버림).

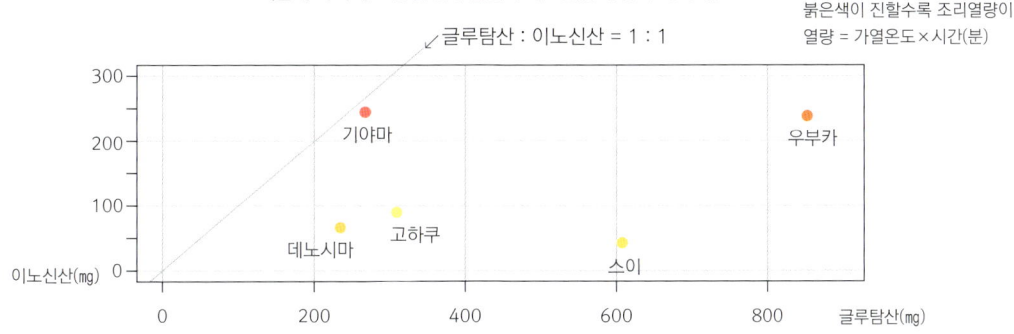

그림1_ 사용하고 있는 재료에서 산출한, 다시 1000㎖ 속 글루탐산, 이노신산, 조리열량의 관계
(실제 다시에 포함된 글루탐산과 이노신산의 양이 아니다)

붉은색이 진할수록 조리열량이 크다
열량 = 가열온도×시간(분)

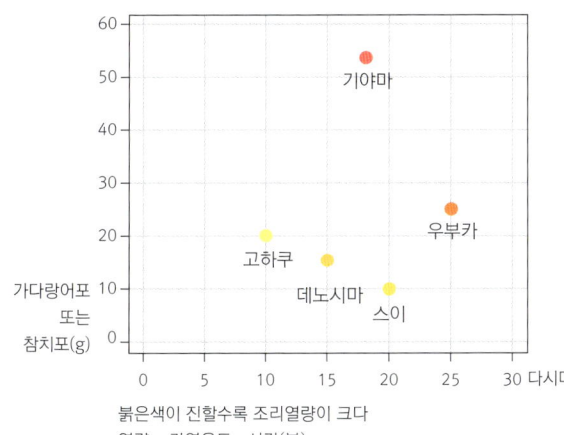

그림2_ 다시마와 포 종류의 사용량(g/물 1000㎖), 조리 열량의 관계

붉은색이 진할수록 조리열량이 크다
열량 = 가열온도×시간(분)

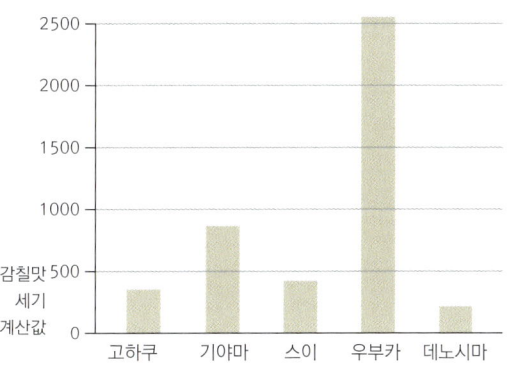

그림3_ 감칠맛 세기 계산값
(사용하는 재료의 글루탐산과 이노신산 농도에서 산출한, 계산상의 감칠맛 세기)

「다시」의 과학과 디자인

가와사키 히로야

세계의 주목을 받고 있는 일본요리의 기본 「다시」. 여기서는 다시를 폭넓게 이해하고 대체 「다시란 무엇인가」, 그리고 「왜 다시가 중요한가」, 마지막으로 「다시를 어떻게 만들고, 사용해야 하는가」를 설명한다. 또한 요리에서 조리기술만 논의하면 개개인의 기술 차이를 설명하는 데만 머무르는 경우가 많다. 요리의 본질을 이해하려면 「조리기술」과 이를 통해 얻을 수 있는 변화인 「풍미 성분과 식품의 구조」, 그리고 그것을 느끼는 「감각」의 과학을 이해해야 요리를 자유자재로 디자인할 수 있게 된다. 따라서 「다시」에 대해서도 같은 개념으로 생각해보려 한다.

What : 다시란 무엇인가
조리

「다시(だし. 맛국물)」는 「다시(出汁. 우려낸 물)」라고도 쓰듯이 추출액인 점은 틀림없다. 하지만 세계적인 관점에서 보면 이 정의는 일본요리의 다시가 특별한 이유다. 일본요리의 다시를 이해하기 위해 먼저 다른 장르의 육수와 비교해 보자(**그림4**).

프랑스요리에서는 생고기나 채소, 허브를 사용하여 추출하면서 가열농축하는데, 그 과정에서 마이야르 반응과 지방산화 반응이 일어난다. 구워서 마이야르 반응을 일으킨 재료로 만드는 경우도 있다. 중국요리에서 육수 만드는 방법은 통닭이나 돼지고기를 사용하여 추출하면서 가열농축하는데, 여기에 말린 관자나 숙성발효시킨 생햄(금화햄)도 사용한다. 말린 관자나 금화햄은 생산자에 의해 이미 농축된 재료로 볼 수 있다.

그림4_ 서양요리, 중국요리 육수와 일본요리 다시의 차이점

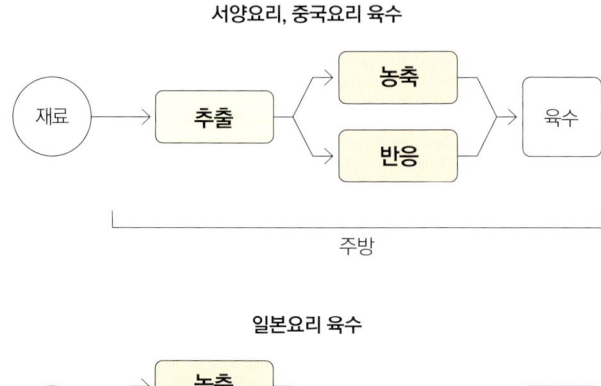

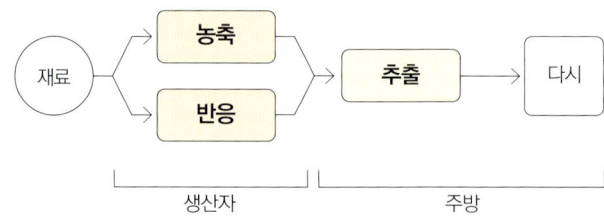

반면 일본요리의 다시는, 주재료의 생산자가 다시 재료를 삶거나 건조시켜서 수분을 미리 제거하고 감칠맛 성분을 농축시킨다. 가열과 숙성에 의한 마이야르 반응으로 향 성분이 만들어지며, 게다가 가다랑어포의 경우 훈연도 한다. 일본요리가 「우려낸 물」이라는 표현처럼 「추출」 과정만 언급하는 것은 「다시 재료」가 건조에 의해 이미 「농축」되어, 마이야르 반응이나 지방산화 반응 등의 「화학 반응」이 끝난 것을 사용하기 때문이다. 따라서 주방에서는 「추출」만 하면 된다. 즉 일본요리 다시와 프랑스요리, 중국요리 육수는 감칠맛 성분과 마이야르 반응의 향을 추구한다는 점은 비슷하지만, 재료와 과정의 순서는 다르다고 볼 수 있다.

성분과 구조

맛 성분과 향 성분

성분으로 보면, 일본요리의 1번 다시에 사용하는 말린 다시마는 글루탐산을 매우 많이 함유하고 있다. 가다랑어포에는 이노신산, 마이야르 반응의 향, 훈연향 성분이 함유되어 있으므로 1번 다시에는 이것들이 물에 녹아 있다고 볼 수 있다. 훈연 성분이 들어간다는 점이 일본 다시의 특수성이다. 글루탐산과 이노신산 모두 「감칠맛 성분」이며, 입에 넣으면 「감칠맛」이라는 감각으로 느껴진다.

맛 성분은 물에 녹는 것이 많고, 향 성분은 기름에 녹는 것이 많다. 다시마를 상온의 물에 넣어도 다시가 되는 것은 감칠맛 성분인 글루탐산이 수용성이기 때문이다. 또 흥미로운 부분은 마이야르 반응의 향 성분이나 훈연향 성분도 물에 녹는 것이 많기 때문에, 다시에 향 성분도 녹을 수 있다는 사실이다.

가다랑어포의 향에서 중요한 것은 고소한 향과 훈연향이다. 고소한 향은 마이야르 반응에 의해 생겨난다. 마이야르 반응은 아미노산과 당의 화학반응인데, 고기 등을 구웠을 때 노릇하게 구운 색이 되거나 향이 나는 것도 이 반응 때문이다. 많은 음식, 예를 들면 커피, 초콜릿, 스테이크, 미소 등의 고소한 향 성분도 이 반응으로 만들어진다. 가다랑어포를 만들 때도 가열에 의해 마이야르 반응이 일어난다. 훈연향은 가다랑어포를 만드는 과정에서 불에 쬘 때 생기는 향 성분이다. 말린 다시마를 몇 년 동안 저장, 숙성시키면 다시마 냄새가 없어지고 마이야르 반응에 의해 고소해진다는 사실도 알려져 있다.

부용 등의 경우, 대체로 60℃가 넘으면 재료의 근육이 수축되고 성분이 나오기 때문에 물속에 감칠맛 성분, 아미노산이 녹아든다. 여기서 100℃로 4시간 정도 가열하면 마이야르 반응이 일어난다. 마이야르 반응은 126℃ 이상에서 촉진되지만 100℃에서도 4시간 가열하면 일어난다. 일반적으로 화학 반응은 온도가 높고 물질의 농도가 높을수록 잘 일어난다. 부용을 만들 때 가열을 시작하면 생재료에서 여러 물질이 녹아나오는데, 대부분 물질이 1시간 정도면 추출된다. 그러나 가열 초기에는 물이 많아서 물질 농도가 낮고, 100℃ 정도에서는 마이야르 반응이 일어나기 어렵다. 그 후 시간이 지날수록 농축되고 물질의 농도가 높아져서 100℃에서도 천천히 마이야르 반응이 일어나는 것이다.

일본요리 다시에는 적극적으로 사용되지 않지만, 프랑스요리나 중국요리 육수의 중요한 향 성분으로 지방산화물과 유황화합물이 있다. 지방산화물은 닭 등으로 육수를 낼 때 나오는 지방이 국물 표면에 뜨고, 가열하면서 공기와 접촉됨에 따라 산화가 일어나 생성된다. 지방산화물은 많으면 기름내가 나지만, 알맞게 들어가면 맛을 향상시킨다. 유황화합물이란 파나 마늘 등에 함유된 성분으로 프랑스요리 육수에는 포와로나 양파, 중국요리에는 대파가 사용된다. 고기 냄새를 제거하는데 사용되며, 가열반응에서 마이야르 반응에 유황화합물이 들어가면 고기다운 풍미가 더욱 강해진다.

성분 면에서 물, 감칠맛 성분, 마이야르 반응 생성물이 공통적으로 들어가며, 여기에 지방산화물이나 유황화합물이 들어간 것이 프랑스요리나 중국요리 육수, 훈제 성분이 들어간 것이 일본요리 다시라고 볼 수 있다

감각

미각

애초에 미각이란 무엇을 위해 존재할까. 우리의 미각은 영양소를 감지하거나, 유해물을 거부하기 위해 주어졌다. 3대 영양소로는 「탄수화물」, 「단백질」, 「지방」이, 미량영양소로는 「비타민」과 「미네랄」이 필요하다.

따라서 5가지 기본 맛 중 필요 영양소의 신호인 단맛, 감칠맛, 짠맛은 태어날 때부터 좋아하는 맛이다. 단맛은 탄수화물로, 짠맛은 미네랄로, 감칠맛은 그 식품에 「단백질이 들어있다」는 신호로 뇌에 인식된다. 단백질이 분해된 것이 아미노산인데, 이 아미노산의 존재가 감칠맛으로 느껴진다. 반면, 신맛과 쓴맛은 태어날 때부터 좋아하지 않는 맛이다. 신맛은 부패, 쓴맛은 독극물의 신호로 여겨지기 때문이다. 이렇게 혀에 있는 미각수용체가 영양소를 감지하는 역할을 하는데, 미각수용체가 감지하지 않으면 그 음식을 먹고 싶은 마음이 생기지 않는다. 그런데 단백질은 분자 크기가 너무 커서 우리의 미각수용체에 달라붙지 못한다. 따라서 단백질의 구성요소인 아미노산을 대신 감지하는 것이다. 5가지 기본 맛 모두 수용체가 발견되었는데, 최근 지방과 관련된 수용체도 혀에서 발견되었다. 단지 수용체가 있다고 해서 지방이 미각으로 감지된다고는 할 수 없기 때문에, 나중에 논의가 필요하다.

그림5_ 미각정보와 후각정보의 전달방법

후각
후각수용체에 향 물질이 결합 ⇨
전기신호가 발생 ⇨
후각신경계에 의해 뇌로 전달
[기억정보]

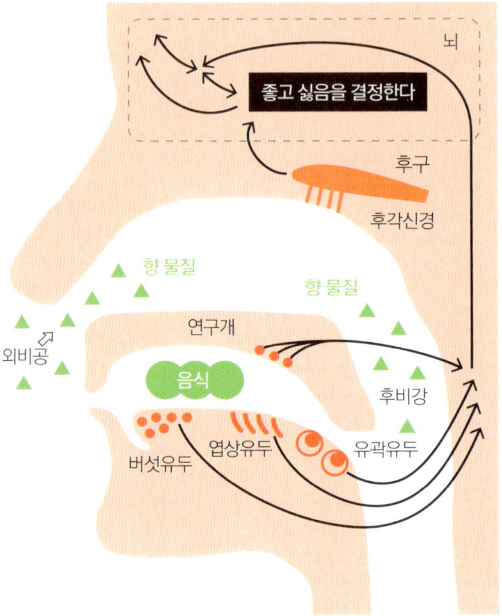

미각
미각수용체에 맛 물질이 결합 ⇨
전기신호가 발생 ⇨
미각신경계에 의해 뇌로 전달
[영양정보]

후각수용체 400종류

* 향 물질은 수십만 종류이며, 사람이 인식할 수 있는 것은 1만 종류다.

미각수용체
짠맛 2종류
신맛 2종류
단맛 1종류
감칠맛 3종류
쓴맛 25종류

미각수용체는 혀 표면의 미세포에 있으며, 미세포는 혀의 앞(버섯유두)과 옆(엽상유두), 위턱 부드러운 곳, 그리고 목구멍 깊은 곳(유곽유두)에 있다. 따라서 맛을 볼 때는 혀 전체와 위턱, 삼킨 뒤의 맛까지 의식해야 음식 전체의 맛을 파악할 수 있다. 미각수용체에서 감지한 맛 정보는 미각신경에 의해 뇌에 전달되고, 맛 정보가 지각된 후 그 맛이 무엇인지 기억정보와 함께 인지된다(p.192 **그림5**).

감칠맛 상승효과

최근 연구를 통해 가다랑어포에 함유된 이노신산이라는 핵산의 일종이, 미각수용체에 글루탐산이 달라붙는 것을 도와준다는 사실이 알려졌다. 따라서 이노신산을 글루탐산과 동시에 맛보면 감칠맛을 강하고 길게 느낄 수 있다. 이를 「감칠맛 상승효과」라 한다. 감칠맛 상승효과는 글루탐산과 이노신산뿐 아니라, 표고버섯 등에 함유된 구아닐산이라는 감칠맛 물질로도 일어난다.

또한 글루탐산만으로 감칠맛을 강화하기보다 이노신산과 합쳐지면, 글루탐산과 이노신산의 농도가 낮아도 감칠맛 상승효과로 감칠맛을 강하게 느낄 수 있다. 이를 이용하여 감칠맛 세기가 같은 경우, 글루탐산만 있을 때보다 글루탐산과 이노신산의 상승효과가 있을 때 감칠맛의 뒷맛이 짧은, 즉 「깔끔한 감칠맛」을 줄 수 있다는 사실이 실험으로 밝혀졌다(p.193 **그림6**). 일본요리에서는 요리의 깔끔한 뒷맛이 중요하기 때문에, 다시마 다시에 집착하기보다 다시마와 가다랑어포로 만든 1번 다시의 감칠맛이 깔끔한 뒷맛을 위해 사용되어 온 것 같다.

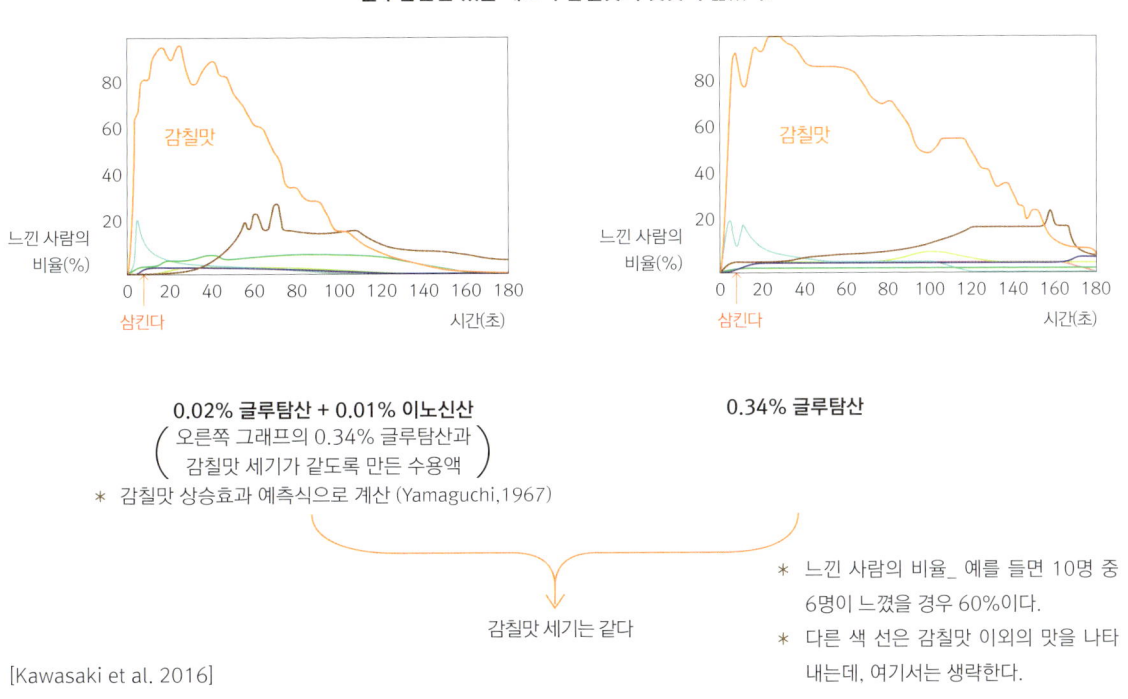

그림6_ 같은 감칠맛 세기의 글루탐산 + 이노신산은 글루탐산만 있을 때보다 감칠맛의 뒷맛이 짧았다.

[Kawasaki et al. 2016]

감칠맛 상승효과는 다시에 함유된 감칠맛 성분에서만 일어나지 않는다. 감칠맛 상승효과는 입안에 글루탐산, 이노신산이나 구아닐산이 동시에 존재하면 감칠맛이 강하게 상승하는 현상이므로, 하나의 요리 안에서 일어나는 효과로 봐야 한다. 예를 들어 국 재료로 이노신산이 풍부한 갯장어를 사용할 경우, 다시마 중심의 다시로 만든 국물을 조합해도 국 재료에서 이노신산이 녹아나오기 때문에 감칠맛을 점차 강하게 느끼게 된다.

후각

미각에서도 설명했듯이, 인간은 선천적으로 감칠맛이나 단맛을 좋아하는 맛의 기호가 있다. 이에 비해 냄새는 맛과의 연합학습을 통해 좋고 싫음이 결정된다. 즉, 냄새의 좋고 싫음은 태어날 때 결정되지 않는다. 연합학습은 아기가 양수에 잠겨있을 때부터 시작된다고 한다. 그것이 기억정보가 되어 아기의 뇌에 축적된다. 어릴 적 기억이 어른이 된 후 냄새를 통해 머릿속에 떠오르는 현상을 「프루스트 효과」라고 하는데, 이는 음식에 대한 기억도 마찬가지다.

식문화는 무엇에 의해 결정될까. 맛의 좋고 싫음은 이미 결정되어 있고 냄새의 좋고 싫음은 학습이나 경험에 의해 형성된다고 생각하면, 일식의 향을 좋아하는 사람은 어릴 때부터 일식에 익숙했기 때문에 일식에 사용하는 재료의 향도 좋아하게 되는 셈이다.

향(냄새)은 세상에 수십만 종류가 있고 사람이 인식할 수 있는 것은 1만 종류라고 한다. 그러나 후각 수용체는 400종류밖에 없는데, 여기에 후각과 미각의 큰 차이가 있다. 예를 들어 짠맛은 짠맛 물질의 수용체에 붙는다. 감칠맛은 감칠맛 물질의 수용체에 붙는다. 하지만 냄새는 400종류의 수용체가 1만 종류를 분석, 해석할 수 있다. 이는 냄새가 패턴으로 인식되기 때문에 가능하다.

그림7_ 후각수용체가 9개라고 가정했을 때, 결합하는 수용체의 패턴 변화

냄새 A가 붙은 수용체의 패턴　　냄새 B가 붙은 수용체의 패턴　　냄새 A와 B가 붙은 수용체의 패턴

예를 들어, 냄새 A가 붙은 수용체가 하나가 아니라 복수이며 냄새 B가 또 다른 수용체에 붙는다고 하자. 냄새 A와 냄새 B를 동시에 맡았을 때 냄새 A와 냄새 B가 합쳐진 패턴이 되어 다른 패턴으로 인식되는 경우가 그렇다. 때문에 적은 수용체로도 여러 종류의 냄새를 느낄 수 있게 된다(p.194 **그림7**). 냄새를 조합하면 다른 냄새로 인식하는 경우가 있는데, 수용체의 응답 패턴을 이해하면 납득할 수 있다. 이 점이 바로 요리에 향신료와 허브를 사용하는 이유 중 하나이기도 하다. 예를 들어 국 위에 얇게 썬 유자 껍질을 올렸을 때, 단순히 1번 다시의 향과 유자의 향을 각각 느끼는 것이 아니라 둘이 합쳐진 독특한 향으로 인식하는 경우가 그렇다.

후각수용체는 후신경 끝에 있으며, 코앞에서 오는 향 성분과 코 뒤에서 오는 물질(향 성분)이 같은 위치에 붙는다(p.192 **그림5**).

코앞(외비공)에서 들어오는 향기를 전비강 향기라고 한다. 반대로 와인을 마시거나 음식을 먹었을 때 코에서 나가는 후각(목구멍 안쪽〈후비강〉을 통해 코에서 빠져나갈 때 나는 냄새), 즉 뒤에서 오는 냄새를 후비강 향기라고 한다. 풍미란「맛+후비강 향기」를 말한다.

Why : 왜 다시가 중요할까?

일본요리에서는 「다시」로 채소를 삶거나, 우동 등의 탄수화물을 「다시」와 함께 먹어 왔다. 이때 혀에서는 감칠맛(단백질 신호)을 느끼지만 몸속에 들어오는 것은 채소와 탄수화물이다. 이를 「감칠맛 패러독스」라 부른다. 혀에서 감칠맛이 나고 뇌에서는 「단백질이니까 섭취하라」고 명령을 내린다. 그런데 몸에 들어오는 것은 채소나 탄수화물이다. 물론 몸에 들어오면 단백질이든 탄수화물이든 분해, 변환되어 글리코겐이라는 저장물질이 되므로 큰 의미에서 몸에 문제는 없다. 뇌를 착각하게 만들어 「단백질 신호인 감칠맛으로, 탄수화물이라는 에너지와 몸에 좋은 채소를 섭취시킨다」. 이것이 다시 속 감칠맛의 중요한 사용법 아닐까.

고기의 경우에는 반드시 지방이 있다. 일본요리는 지방을 최대한 제거하기 위해 감칠맛을 철저히 활용하는 것 같다. 그것이 「감칠맛 패러독스」가 성립하는 이유라고 생각한다.

게다가 최근에는 프랑스요리 등에서도 지방을 점점 줄여나가는 경향이 있다. 하지만 그럴 경우 향 성분은 지방에 녹는 것이 많기 때문에, 지방을 줄이면 향 자체도 줄어든다. 그 대책으로 허브를 많이 쓰거나, 소스보다는 육수 비슷한 것을 내는 가게가 늘고 있다. 세계 요리의 흐름이 되어가고 있다는 이야기다.

다시에는 크게 2가지 역할이 있다. 하나는 「맛 보장」이다. 요리의 본질을 아는 사람이라면 감칠맛이 나는 재료를 능숙하게 사용하면서 요리를 맛있게 만들 수 있기 때문에, 다시가 없어도 요리를 완성할 수 있다. 하지만 그렇지 않은 경우 다시는 맛을 보장해준다. 다른 하나는 「맛의 형태를 바꾼다」는 점이다. 다시는 액체이기 때문에, 예를 들어 채소를 갈아 넣거나 하면 그 맛을 더할 수 있다.

How : 어떻게 만들까, 어떻게 사용할까

어떻게 만들까

다시마 다시의 추출조건과 글루탐산 농도 연구에서 ①30℃, ②60℃, ③80℃, ④30℃를 중간에 60℃로 올린다. 이렇게 4가지 온도조건에서 60분씩 가열한 실험이 있다. 그 결과 60℃에서 60분 추출한 다시마 다시가 글루탐산이 가장 많았다. 따라서 다시마 다시는 60℃에서 60분 가열하면 글루탐산이 효율적으로 추출된다고 볼 수 있다. 다만 가게마다 선호하는 다시마나 풍미가 있으므로, 거기에 맞춰 조절하면 좋다.

물의 경도와의 관계에 대해서는 명확한 결론이 나지 않았다. 단 경도 0인, 즉 미네랄을 제거한 증류수는 아미노산이 추출되기 쉬운데, 다시마 조직이 파괴되기 쉬워 다시로는 적합하지 않다고 생각한다.

기존의 다시가 아닌 새로운 다시를 디자인할 경우, 어디에서 어디로 맛 성분과 향 성분을 어떻게 옮길까 생각하며, 그 조합을 여러 가지로 시도해보면 좋다. 예를 들어 다시마를 물에 넣고 일부러 100℃에서 1시간 동안 가열해 보거나, 다시마를 부수고 에스프레소 머신에 넣어 몇 초 만에 매우 진한 다시를 내 볼 수도 있다.

새로운 다시를 디자인할 때, 다시란 물에 재료의 맛 성분과 향 성분이 옮겨진 것이라는 점을 생각하면, 감칠맛 성분이 많은 재료 중에서 새로운 다시 재료를 찾을 수도 있다. 비영리법인 「감칠맛 인포메이션 센터」가 만든 데이터베이스 「감칠맛 데이터베이스」에서 식재료에 포함된 감칠맛 성분을 검색할 수 있으므로, 재료를 효율적으로 찾을 수 있다.

어떻게 사용할까

감칠맛의 사용법을 정리한다(**그림8**).

우선 식재료에서「감칠맛 성분의 농도를 높인다」. 그것을 필요에 따라「형태를 바꾸어」무엇인가로「옮긴다」. 그리고「조합한다」.

감칠맛 성분의 농도를 높이는 데는 2가지 방법이 있다. 우선「농축한다」. 본래 감칠맛 성분이 있는 재료라면 농축하면 되므로 가열하거나 건조시켜서 농축한다. 다른 하나는 발효다. 단백질이 많은 식재료라면「발효」에 의해 단백질이 아미노산으로 분해되므로 감칠맛 성분의 농도가 높아진다.

필요에 따라「형태를 바꾼다」는 것은, 목적에 따라 다르지만 예를 들어 고체화하면 깎거나 분말로 만들어 순식간에 감칠맛을 추출할 수 있다.

「옮긴다」는 물에 옮길 것인가, 식품에 옮길 것인가를 생각하면 된다. 예를 들어 다시마절임은 감칠맛 성분을 다시마에서 식재료로 옮기는 방법으로 만든다.「조합한다」는 새로운 재료의 조합을 고려하는 것이다.

만약, 드라이토마토와 말린 곰보버섯으로 새로운「다시」를 만든다면「건조시켜 농축한다」,「물로 옮긴다」,「조합한다(드라이토마토와 말린 곰보버섯)」는 사용법을 생각할 수 있다. 이렇게 감칠맛 사용법을 정리하여 이해해두면 폭넓은 발상이 가능하다.

그림8_ 감칠맛 사용법

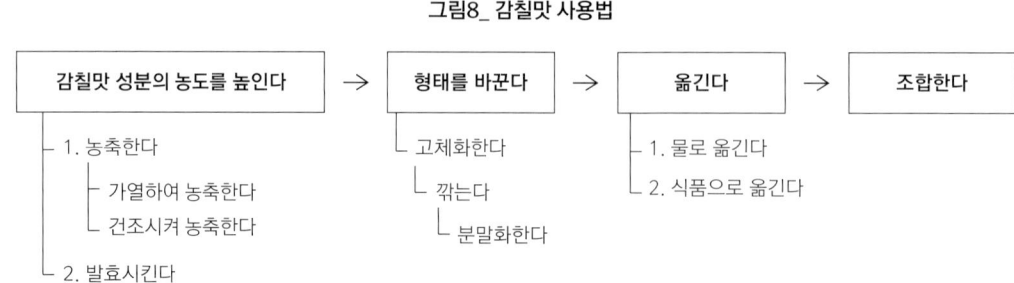

다시 사용법

다시는 「감칠맛 성분의 전이」, 즉 감칠맛 성분을 재료에서 재료로 옮긴다는 발상이 중요하다. 「오히타시」가 좋은 예로, 가다랑어포와 다시마에 있는 감칠맛 성분이 물로 옮겨져 다시라 불리고, 이것을 채소로 옮기면 오히타시라는 요리가 된다. 감칠맛 성분의 전이가 다시 사용법의 본질인 셈이다.

또한 재료를 그대로 먹는 것 이상의 감동을 손님에게 선사하고 싶다면, 재료를 초월할 만한 무언가가 필요한데 여기서도 다시가 중요한 역할을 한다. 지금까지 사용하지 않았던 재료라도 특징적인 향 등이 있으면 「다시」의 감칠맛을 더하는 것으로 훌륭한 요리가 완성된다. 예를 들어 쓰지만 독특한 향을 가진 재료의 쓴맛을 감칠맛으로 눌러서 적당한 쓴맛을 내면, 「쌉쌀하다」고 느껴지는 맛있는 음식으로 변신할 수도 있다. 이런 식으로 지금까지 사용되지 않았던 재료나 부위를 활용할 수 있다. 이것이 「다시가 재료를 뛰어넘는다」고 하는 개념이다.

또한, 재료의 맛을 높인다는 의미에서 「동질 다시」도 흥미롭다. 일본요리에서는 다시마와 가다랑어포 다시를 가다랑어 요리에 사용하는 「동질 다시」의 발상이 흔하지 않지만, 사실 다시의 기본적인 사용법이다. 예를 들어 프랑스요리에서 아스파라거스 껍질로 낸 육수에 아스파라거스를 익혀 아스파라거스를 「더욱 아스파라거스다운 맛」으로 만드는 것처럼, 동질 다시 또한 재료의 풍미를 더욱 높이는 발상이다.

요리사가 요리를 통해 표현하는 것

요리사는 요리의 맛을 디자인한다. 맛을 디자인하기 위해서는 조리기술뿐 아니라 조리를 통해 재료가 어떤 성분이나 구조로 변화하는지 이해하고, 손님의 입안에서 어떤 감각을 일으키는지 이해할 필요가 있다. 이를 위해서는 과학적인 사고가 중요하다. 과학이 필요한 이유는 단순히 화학물질이나 기술을 사용하기 위해서가 아니라, 사물의 본질적인 구조를 밝혀내는 데 있다. 맛을 디자인하기 위해 필요한 지식과 사고방식은, 전통적인 조리기술을 과학적으로 이해하는 데 응용할 수 있다. 또한 과학은 요리를 효율적으로 배우거나, 쓸데없는 작업을 줄여서 시간을 절약할 수 있게 도와준다. 요리사에게 그 시간은 새로운 요리를 떠올릴 수 있는 창조적인 시간이 된다.

요리사가 음식을 통해 표현해온 것들을 살펴보면, 예전에는 역사와 식문화였다고 생각한다. 예전 요리사에게는 프랑스에 가서 프랑스요리를 배우고, 프랑스의 것을 그대로 가져오겠다는 동기부여가 있었다. 그랬던 것이 점차 「식재료」로 관심이 옮겨가고, 그 다음으로 「자연」을 표현하는 것이 트렌드가 되었다. 최근에는 더욱 발전하여 「지속가능성(sustainability)」이 큰 테마가 되고 있다. 요리사의 이런 창의성을 요리에 불어넣기 위해서라도 요리를 과학적으로 생각하는 일은 중요하다. 그것이 요리의 표현이 진화하는 길로 이어진다고 믿는다.

지금까지 먹지 않았던 식재료를 어떻게 활용해 나갈지 생각하면, 지속가능성의 표현에도 「다시」의 역할이 크다고 생각한다. 앞서 이야기한 「다시가 재료를 뛰어넘는다」는 개념으로 지속가능한 재료의 맛과 풍미에 대한 과제를 해결하면, 새로운 상품으로서 요리가 완성될 수도 있다. 무엇이 문제인지 과학적으로 생각할 때, 재료를 그대로 먹는 것 이상의 감동을 손님에게 선사할 수 있다.

대담

하야시 료헤이_「데노시마」오너

────── **그럼, p.189에서 소개한 도표를 보면서 두 분한테「다시」에 대한 여러 이야기를 들어보겠습니다.**

가와사키 먼저 이 자료(p.189 **표2_ 그래프 작성에 사용한 데이터**)에 대해 설명드리겠습니다.

전제는 실제 각 가게의 다시 성분을 분석한 데이터가 아니라는 점입니다. 또한 같은 다시마나 포라고 해도, 해에 따라 지역에 따라 다르기 때문에 수치가 완벽할 수 없습니다. 하지만 가게에서 사용하고 있는 다시마나 포가 무엇인지에 대한 정보가 있다면, 그 정보를 활용해 직접 계산할 수 있기 때문에 하나의 기준이 되지 않을까 싶습니다.

그냥 저는 이런 식의 개념이 중요하다고 생각합니다. 보통은 연구자가 아니면 분석조차 할 수 없으니까, 뭐가 됐든 지표를 들고 와서 계산할 수 있는 편이 낫지 않을까 하는.

────── **이 데이터와 그래프를 어떻게 보면 좋을까요?**

가와사키 기본 데이터는 여기(p.187 **표1**) 다시마 100g당 글루탐산 양과 포의 (100g당) 이노신산 양입니다. 다시 레시피가 있다면 물 1000㎖ 당 각각 몇 g을 사용했는지 정보를 통해 계산할 수 있으므로, 각 다시에 포함된 글루탐산과 이노신산의 양을 알 수 있습니다. 단, 이런 분석은 함유된 것들이 모두 추출된다는 전제 하에, 전부 추출되면 이만큼의 글루탐산과 이만큼의 이노신산이 나온다는 의미입니다. 실제 요리에서는 다시 내는 방법에 따라 나오는 양도 달라지지요. 온도가 높을수록, 시간이 길수록 추출이 쉽습니다. 참고하기 위해 열량(열량×시간)을 표시하는 것도 이 때문입니다. 또한 이 두 성분은 물에 녹기 때문에, 물에 오래 담가두면 자연히 빠져나오게 됩니다.

가와사키 히로야_ 아지노모토 주식회사 식품연구소 수석연구원

「감칠맛 세기 계산값」이 매우 흥미롭습니다. 예전 아지노모토의 연구자가 글루탐산과 이노신산의 농도를 통해 감칠맛 세기를 계산하는 공식을 만들었고, 과학 논문도 발표했습니다. 그 계산식에 나오는 겁니다.

p.189 **그림1~3**은 이 데이터에 근거해 그래프화한 겁니다. **그림1**은 가로축이 글루탐산 양, 세로축이 이노신산 양입니다. 축의 수치를 길이와 대략 맞추었기 때문에 그래프는 가로로 길어졌습니다. 점의 색은 다시마 다시를 가열했을 때의 온도와 시간에서 임시로 계산한 열량을 나타냅니다. 붉은 색이 진할수록 열량이 큽니다.

그래프에서 알 수 있듯 역시 이노신산이 많은 곳은 없지요? 일식집은 다시에 다시마를 많이 사용한다는 뜻입니다. 예를 들어 도쿄의 보통 소바집 다시라면, 점이 그래프 왼쪽에 올 겁니다. 도쿄의 소바집은 다시를 가다랑어포만으로 내고 거기에 간장을 더한, 극히 적은 양의 소바츠유를 내놓습니다. 예전 도쿄에서 좋은 다시마를 구하기 힘들었던 적도 있어서 간장의 글루탐산을 섞는 겁니다. 역시 상승효과를 사용하고 있지만 사용 방법이 다릅니다.

그림2는 다시마와 가다랑어포의 사용량 그래프로, 점의 색은 **그림1**과 같이 열량입니다. **그림3**은 계산상으로 각 가게 다시의 감칠맛 세기를 나타낸 막대그래프입니다.

──── 글루탐산과 이노신산의 양이 1:1일 때 상승효과에 의해 감칠맛이 가장 강하게 느껴진다고 합니다. 그럼 1:1로 맞추면 되는 걸까요?

가와사키 단순히 그런 건 아닙니다.

확실히 1:1로 하면 감칠맛을 강하게 느끼지만, 감칠맛을 강하게 느끼는 비율의 범위가 좀 넓습니다. 그리고 농도에 따라 그 비율도 달라지죠. 그렇기 때문에 엄밀히 말해 「글루탐산과 이노신산의 비율을 1:1로 하자」는 식은 별로 의미가 없습니다.

그리고 사실 1:1이라는 건 성분 차원에서의 실험이지, 가격면에서는 좋지 않습니다. 이노신산 쪽이 가격이 비쌉니다. 다시마와 가다랑어포를 비교해도 무게로 치면 가다랑어포 쪽이 가격이 비싸지 않나요? 그렇기 때문에 1:1에 가깝다면 감칠맛은 강할지 몰라도, 비용이 많이 들고 다시도 비싸다는 이야기가 됩니다. 가게를 운영하는 이상 당연히 원가를 얼마나 낮추면서 상승효과로 감칠맛을 더할 수 있느냐가 중요하니까 현실적으로 어려울 수밖에 없습니다.

하야시 이게 의문을 푸는 열쇠가 되지 않을까요? 왜냐하면 모두가 견습했던 가게의 다시마나 포 양을 분명 베이스로 삼고 있을 겁니다. 견습했던 가게에 맞춰서 비율이나 감각적인 부분을 계속 답습하고 있는 거죠. 막상 자기 가게를 하게 되면 검증할 시간도 없고, 그동안 쌓아온 것들을 믿으며 그대로 반복하게 된다고 봅니다.

하지만 이 데이터들을 정말로 이해했다면, 견습했던 곳에 의지하지 않고 여러 다시를 표현할 수 있을 거라고 생각합니다.

가와사키 풍미도 그렇습니다. 다시마에는 참다시마, 리시리 다시마, 라우스 다시마가 있고, 가다랑어포도 참치포도 각각 다르기 때문에 여기에 정보를 더해갈 수 있습니다. 이노신산과 글루탐산의 양뿐만 아니고요. 그러면 그래프는 입체적이게 되죠. 평면이 아니라.

──── 「데노시마」의 다시는 어떤가요?

하야시 저는 처음부터 하고 싶었던 일이라서, 가게를 시작할 때 여러 종류의 다시마와 가다랑어포로 한번 실험해 보았습니다. 그래서 지금의 다시가 완성된 거죠. 그러니까 견습했던 곳과는 방향성이 다르다고 생각합니다.

가와사키 「데노시마」의 다시는 「스이」와 비교했을 때 감칠맛 세기가 조금 약한데, 다시마 양이 적지요. 상승효과로 보면 「데노시마」는 상승효과를 사용해 감칠맛을 강하게 내고 있다는 생각이 듭니다. 그렇게 보이네요.

하야시 확실히 상승효과를 이용해서 다시마도 가다랑어포도 최대한 줄여보려고 했습니다.

물론 중요한 건 손님들이 만족하느냐니까 나한테 맛있는 다시, 좋은 다시라고 자신 있게 말할 수 있는 다시를 만들고 싶습니다. 비용은 줄이면서요. 중요한 건 손님의 만족과 비용의 균형입니다. 그래서 비용을 줄인 만큼 직원 임금을 올려주고 싶습니다. 그건 업계를 위한 일이기도 하고요.

가와사키 예전과 비교하면 다시마도 가다랑어포도 가격이 많이 올랐습니다. 당연히 이 부분을 생각하지 않을 수 없지요.

하야시 그리고 아무 걱정 없이 맛있는 음식을 이야기할 수 있는 시대가 아닙니다. 그러니까, 우리는 유한한 것을 어떻게 유효하게 사용할 건가에 대해 이야기해야 합니다.

가다랑어포를 점점 줄인 결과, 지금의 양이 되었습니다. 계산해 보았지만, 다시마는 좀 불안해서 이제 줄이지 않습니다.

가와사키 다시마의 영향은 큽니다.

하야시 맞습니다. 알게 된 건, 다시마에 의존할 수밖에 없다는 겁니다(웃음).

다시마 종류는 취향에 따라 다르지요. 참다시마도 라우스 다시마도 전부 다시 시도해봤는데, 저는 계속 리시리 다시마를 사용해서인지 결국 그게 맛있다는 생각이 듭니다. 라우스 다시마도 참다시마도 감칠맛은 정말 훌륭하더라고요. 와, 어떻게 이렇게 많이 나오는 거지? 하고 깜짝 놀랐습니다.

가와사키 2배 이상이지요.

하야시 감칠맛이 너무 강해 균형을 잡을 수 있을까, 살짝 겁이 났습니다. 하지만 이 데이터를 보니 다시 시도해 보고 싶습니다.

가와사키 분량을 반으로 하세요.

감칠맛이 강하다고 좋은 것도 아니니까요. 본래 감칠맛이라는 건, 혀에 미치는 영향으로 보면 결국 여러 가지 맛이 합쳐진 겁니다. 어떤 의미로는 풍미를 살린다고 볼 수도 있겠지만, 맛의 모난 부분을 없애서 부드럽게 만드는 거지요.

하야시 마스킹을 하는 것 같은 이미지가 좀 있네요.

가와사키 맞습니다. 향신료 요리에도 효과가 있는데, 인도에서는 좀 그렇겠네요. 순한 카레가 되어 버려 인도인이 싫어할 듯해요(웃음). 그들은 역시 뚜렷한 향신료 풍미를 내고 싶어서 넣는데, 하루 지난 카레처럼 되어 버리니까요. 일본인들은 그걸 좋아하는데 말입니다. 글루탐산의 숙명이지요.

유럽에서는 육수를 여러 가지 고기로 만듭니다. 글루탐산이란 것도 수많은 아미노산 중 하나인데, 유럽 등의 육수는 여러 가지 아미노산의 집합체가 만들어내는 감칠맛이어서 명확한 감칠맛을 느낄 수 없게 됩니다. 복잡한 맛이란 느낌이죠. 그래서 그들에게 감칠맛을 이해시키는 일이 어려웠습니다. 지금도 어렵고요.

일본요리의 다시 전반에 대해 어떻게 생각하나요?

하야시 일본요리는 이래야 한다, 이렇게 만들어야 한다 하는 건 속박에 불과합니다. 거기에서 어떻게 벗어나느냐 하는 문제가, 독립해서 자신만의 요리를 만들어가는 길로 이어진다고 생각합니다. 그리 쉬운 일은 아닙니다. 벗어나기 어렵지요. 하지만 이런 것들(과학적 데이터나 분석)을 알게 되면, 그 속박을 푸는 계기가 되지 않을까 합니다.

가와사키 속박이라(웃음), 결정해야 할 일이 너무 많죠? 맛있는 요리를 만들기 위한 조건이 너무 많아요. 그게 모두 똑같이 중요하다는 생각이 들고요. 하지만 본질이라는 게 어디 있는지 말하자면, 물론 요리에 따라 다르지만 다시라면 맛과 향입니다. 물론 세세한 것까지 이야기하자면 걸쭉함이나 식감도 있습니다. 대부분 이것들을 같은 급으로 여기지요. 중요도에 따라 우선순위를 정하자는 이야기입니다.

예를 들어 다시 말고도, 요리에서 간장과 맛술 중 어느 쪽이 중요할까? 그릇이라면 모양과 색 중에 어느 쪽이 더 중요할까? 등등. 아마 있을 겁니다. 가르치는 사람이라면 전부 중요하다고 말하겠지만, 손님에게 전해졌을 때를 따져 보면 어느 쪽이 더 중요한지 알 수 있습니다. 요리사의 가치관도 중요합니다. 자기 나름의 본질을 지켜나가야 하니까요. 그런 작업이 아닐까 싶어요. 새로운 걸 한다는 건.

하야시 그렇습니다. 따라서 이런 것들이 있으면 좀 더 빠르게 도달할 수 있습니다. 이것들을 오로지 혼자서 계속 검증하는 일은 지옥과 같습니다(웃음).

가와사키 한도 끝도 없으니까요.

하야시 맞습니다. 어디로 가야 할지 모르는 상황에서, 기댈 곳도 무엇도 없는 거죠. 정말로 어두컴컴한 상황. 이런 지침이 있으면 상승효과를 더 이용하기 위해 생각하고, 시험하고, 비교하고, 뭔가 알게 되면 비용도 줄일 수 있게 됩니다. 이런 점에서 과학적인 견해는 굉장히 고마운 일입니다. 눈으로 볼 수 있고 자신감도 생기니까요.

――― **하야시씨는 이리코 다시도 적극적으로 사용하고 있는데, 어떤 생각에서인가요?**

하야시   저는 일본요리가 다시마와 가다랑어의 일신교라고 생각합니다. 그게 좋거나 나쁘다는 게 아니라, 거기에서 벗어나고 싶었기 때문에 이리코 다시를 만들었습니다. 가게로서는 장점이 더 많습니다. 그런 제한을 두게 되면 새로운 게 또 나오지 않을까 싶습니다. 다시마와 가다랑어 이외의 다시도 고려하면 좋지 않을까, 그렇게 제안하고 싶은 마음도 있고요.

근데 이것도 다시마가 들어 있어서, 저도 아직 다시마에서 벗어나지 못한 건 맞습니다.

가와사키   글루탐산이 이만큼 풍부한 재료는 다시마 말고 없습니다. 그건 어쩔 수 없지요. 어쩌다 보니 이런 사실을 알게 되었는데요.

흥미롭게도 홋카이도 근처의 다시마가 세계적으로 봐도 글루탐산이 많은데, 그건 건조시키는 동안에 만들어지는 게 아닙니다. 무엇 때문인지 홋카이도 근처의 다시마는 글루탐산을 저장하고 있습니다. 그 이유는 알려지지 않았어요. 추운 곳에서 자라서 그런가도 싶은데, 북유럽처럼 더 추운 곳에서 자라는 다시마도 그렇게까지 축적하고 있지는 않습니다.

하야시   감칠맛 자체의 양이 다시마 종류에 따라 다르고, 그 양이 수확할 때부터 변하지 않는 거군요.

가와사키   조금 전 다시마와 가다랑어의 일신교라는 이야기가 있었는데, 그건 도시요리이기 때문이라고 생각합니다. 교토의 요리는 도시, 다시 말해 문명의 요리이니까요.

문화는 다양성이 중요하지만, 문명은 효율적으로 한 곳에 집약시켜 가는 게 중요합니다. 그런 관점에서 교토라는 땅에 오늘날의 푸드 마일리지와는 관계없이 먼 홋카이도의 다시마를, 남쪽의 가다랑어포를 들여왔습니다. 그러니까 완전한 도시요리입니다.

물론 일본의 식문화 속에서 일본의 교토라는 도시요리가 생겨났지만, 지방의 문화적인 요리도 저마다 살아있어야 합니다. 하지만 어느 순간부터 교토 일색이 되고 말았습니다. 이제 식문화라는 것이 이만큼 성숙했으니, 다시 한 번 도시에서 지방으로 돌아가는 걸 생각해봐도 좋지 않을까요?

프랑스 같은 곳도 역시 지방에 제대로 된 별 3개짜리 레스토랑이 있습니다. 아마 그들도 파리에 견습을 가서 방법론을 배우고 지방으로 돌아왔을 겁니다. 왜냐하면 기술이란 것은 도시에서만, 문명을 통해서만 발달하니까요. 이는 식재료가 한정되어 있기 때문입니다. 교토도 그런 제한 속에서, 맛있는 요리를 만들지 않으면 죽을지 모른다는 정도의 압박감 속에서 요리사가 궁리 끝에 기술을 발달시켜 왔습니다. 그런 시간들이 교토요리 속에 남아 있습니다. 하야시씨가 그걸 다시 한 번 지방에 돌려주는 역할을 맡고 있는 건 아닌지요?

하야시   맞습니다. 저는 언젠가 섬(가가와현 데시마)으로 돌아가고 싶습니다. 이제 교토 문명의 기술로 향토요리를 되살리는 게 다음 시대의 일본요리가 아닐까 하는데요.

그렇게 생각하면 역시 지방만의 다시라는 게 있어야 하고, 그런 의미에서도 이리코를 사용하고 싶습니다. 아직은 다시마를 사용하고 있지만, 이리코만으로도 맛이 아주 좋습니다. 그래서 다음 단계로 간다면 이리코만으로 만들려고 생각 중인데, 아직 도달하지는 못했네요.

―――― **다시마를 대신할 수 있는 건 없을까요?**

가와사키 일본 다시마에는 신기하게도 글루탐산만 그렇게 많이 들어 있지요. 북유럽 노르딕 푸드랩의 코펜하겐대학 선생님이 여러 해초를 분석했는데, 이렇게 글루탐산이 많은 건 발견하지 못했습니다.

하야시 미국의 자이언트 켈프(Giant kelp)는 어떤가요?

저는 요즘 그것에 정말 관심이 많습니다. 글루탐산을 가진 재료가 왜 다시에 필요한지, 세계적인 관점에서 생각해야 하니까요.

역시 다시마가 없어진다는 위기감이 들어서, 이 사실을 다음 세대에게 전해야 한다는 사명감을 갖고 해나갈 생각입니다. 그렇게 생각하면 다시마가 없어진다는 걸 전제로 대비할 요리가 있어야 하고, 그 점을 염두에 두지 않으면 안 된다고 생각합니다.

가와사키 이대로 두면 다시마는 점점 없어지겠지요.

하야시 확실히, 다시마를 재집할 수 없게 되고 종사하는 사람도 줄고 있습니다. 나중에는 고급 음식점 일부에서만 보게 될지 모릅니다. 다시마뿐 아니라 생선도 그렇고요. 최근 같은 연배의 요리사 중에서 이 점을 고민하는 사람이 많습니다.

요즘 고추에도 큰 관심을 갖고 있는데, 2가지 이유 때문입니다.

느낌상 고추에 감칠맛이 많지 않을까 싶고, 게다가 온도에 강한 작물이라는 점을 생각하면 다시와 온난화 2가지 관점에서 봤을 때 조건을 확실히 만족합니다. 요리가 한정된다는 생각은 들지만, 다시가 흥미롭습니다.

가와사키 고추도 분석해 보면 글루탐산이 풍부합니다.

고추의 매운맛 성분은 물에 녹지 않고 기름에 잘 녹습니다.

예를 들어 많은 양의 고추를 물에 우려서 다시를 낸 후, 거기에 기름을 섞어 유화시키면 고추의 매운맛 성분이 기름으로 옮겨가지 않을까요? 그 기름을 어떤 방법으로든 제거하면 고추 다시가 될 것 같습니다. 감칠맛 성분은 기름에 녹지 않으니까요.

하야시 그렇군요……. 시도해 봐야겠습니다.

이제 그런 걸 생각할 단계가 왔구나 싶네요. 일본은 물론, 해외로도 눈을 돌려야 하고요.

역시 저는 쉽게 다시를 내는 방법을 연구해 나가고 싶습니다. 단순화하는 걸 목표로요.

―――― **다시에 따로 조합하는 게 있습니까?**

하야시 요즘 다시를 진하게 만들고 있습니다. 예를 들어 새우는 냄새가 있어서 장시간 끓이면 비린내가 나니까, 어느 정도 감칠맛이 나오면 빨리 거른 다음 농축해서 사용하고 있습니다.

가와사키 그렇게 하는 게 맞지요.

예전에 중식 스타일의 닭 다시를 시도해본 적 있습니다. 다시 전문 요리사를 불러다가, 3kg의 닭을 반으로 나누고 6ℓ의 물에 4시간 끓여서 다시 3ℓ를 내는 실험을, 조건을 여러 가지로 바꿔가며 해봤습니다. 그리고 30분마다 어떤 성분이 나오는지 조사했더니, 처음 30분에 80% 이상의 아미노산이 나왔습니다. 그럼, 나머지 3시간 반 동안 무슨 일이 일어나나 분석했더니, 농축은 당연히 일어나고 나머지는 마이야르 반응이었습니다. 색을 봤더니 3시간 반이 지났을 때 갑자기 갈색이 되었습니다. 그러니까 아미노산은 처음에 거의 다 나와 버리는 거죠.

하야시 저도 닭 다시를 내는데, 마이야르 반응의 색을 보면 일본요리 스타일인지 아닌지 느낌으로 알 수 있습니다. 진해질수록 일식과는 멀어지는 거죠.

가와사키 고소해지지요.

하야시 산뜻한 느낌이나 맑은 느낌은 왠지 일식이라고 생각되니까요.

닭은 통으로 사용하지 않고, 뼈와 약간의 다짐육 정도로 다시를 내서 30분쯤 있다가 거릅니다. 진하게 만들고 싶을 때는 그걸 졸입니다. 그렇게 하면 마이야르 반응도 일어나지 않고 농도만 진해집니다.

가와사키 가슴살과 다릿살 중 가슴살 쪽이 아미노산은 더 많습니다.

하야시 네, 저도 가슴살이랑 안심밖에 사용하지 않습니다. 껍질도 제거하고요. 지방도 필요 없습니다. 생선이든 고기든, 어쨌든 지방은 필요 없다고 생각해서 제거합니다.

───── **다시로 봤을 때, 일본요리와 프랑스요리의 큰 차이점은 무엇인가요?**

가와사키 요리는 일단 자연이며, 그것이 손님 입에 들어갈 때까지의 과정을 누가 담당하느냐에 달려있습니다. 일본요리는 다른 세계요리보다 셰프가 하는 일이 적습니다. 우선 자연이 있고, 자연으로 농업을 하는 사람이 있으며, 그 작물이 가공되어 셰프에게 오기까지의 과정을 많은 사람이 담당합니다. 프랑스요리의 경우 조미료조차도 냄비 안에서 만들어야 합니다.

저는 요리의 전체 과정이란 극단적으로 말해 어느 나라의 요리든 어느 정도는 같다고 생각하고, 누가 담당느냐가 관건이라고 봅니다. 프랑스요리는 그 비중이 좀 큰 것 같습니다. 그 비중을 줄이려면 외부화를 해야 합니다. 예를 들면 육수 내는 곳을 외부화하는 거죠. 아니면 육수 재료 같은 걸 외부에서 만들고 셰

프가 하는 일은 추출뿐인, 일본과 비슷한 방식으로 만듭니다. 그런 의미에서 일본요리는 매우 세련되었는데, 셰프는 맛을 만들고 맛을 디자인하는 데만 주력할 수 있습니다.

일본요리에서 다시란 일단 재료를 건조시킨 다음 내기 때문에 「다시」이지만, 프랑스요리의 육수는 내면서 농축과 반응이 일어납니다. 그래서 이름도 단순히 「육수」가 아니라 역할 이름이 붙습니다. 소스 재료가 되는 퐁(fond)의 어원은 「기본, 기초」입니다. 육수의 바탕인 부용(Bouillon)은 「끓이다, 가열하다」라는 뜻의 단어(bouillir)에서 왔습니다.

그것들을 정리하고 체계화한 인물이 에스코피에(「요리의 제왕」으로 알려진 프랑스 셰프)입니다. 프랑스요리에 왜 그런 작업이 필요했냐면, 매우 복잡하게 얽혀있어서 체계화하지 않으면 제대로 알 수 없었기 때문입니다. 하지만 일본요리의 경우 처음부터 역할이 나뉘어 있었습니다. 다시마 가게의 다시마, 가다랑어포 가게의 가다랑어포……. 조리기술의 모듈화가 이미 진행되고 있었습니다. 프랑스요리는 작업 전체가 동시에 진행되기 때문에 개념상 그렇게 모듈을 맞춰 나가야 하는데, 일본요리는 그럴 필요가 없었던 거죠.

하야시 저는 해외에서 일할 때 그 점이 대단하다고 느꼈습니다. 일본 셰프들은 할일이 적습니다. 80~90%는 이미 끝나 있으니까요. 그 점이 좋은 건지 안 좋은 건지 요즘 와서 생각이 들지만요.

가와사키 맞습니다. 그 이야기를 조금 바꿔볼까요. 자신이 할 수 있는 일의 범위가 좁으면 당연히 그 안에서 할 수 있는 일도 줄어드는데, 창의성을 어디까지 펼쳐내느냐의 문제입니다. 예를 들어 다시의 경우 다시 재료를 만드는 부분까지 고려하면, 가다랑어와 다시마밖에 없었던 데서 다른 선택지가 생기는 거죠.

하야시 저는 그래서 이제 간장도 만들려고 합니다. 섬(데시마)이지만 저희끼리 간장을 만들고 있거든요. 그게 당연하고요. 생각해보면 저희는 지금 간장에 지배당하고 있습니다. 간장 작업장에서 맛을 본 후에 요리를 만들고 있습니다. 주재료로 사용하는 셈이죠.

가와사키 요리는 생물의 진화와 닮았다고 생각한 적이 있습니다.

5억 년쯤 전에 캄브리아기 폭발이 일어났습니다. 원래는 해초 같은 것뿐이었죠. 그러다 단세포 생물이 다세포 생물로 되면서, 갑자기 다양한 생물이 등장합니다. 그게 캄브리아기 폭발입니다. 그때 DNA가 많이 변했습니다. 그 후 환경에 의해 생물의 수가 줄어들고, 현재 우리가 남아 있는 상태가 된 거지요.

요리도 비슷해서 누가 뭔가를 발명하면, 그게 한 번 확 퍼질 때가 있습니다. 예를 들면 장도 그렇습니다. 중국에서 누가 발효라는 걸 발견했습니다. 당시 고기를 누룩으로 발효시킨 육장, 채소장, 곡물장…… 다양한 장이 나왔습니다. 하지만 냄새도 나고, 만들기 어렵고, 사용이 불편해서 순조롭지 않았습니다. 아마도요. 그래서 지금의 미소나 간장처럼 극히 일부분만 남은 겁니다. 그러니까 그 전으로 한 번 돌아가 보면 자신만의 표현을 발견할 수 있을지도 모릅니다.

프랑스 셰프들은 조미료를 매일 직접 만들고 있습니다. 다만 일본은 발효라는 게 있어서 사전에 만들어둘 수 있다는 점이 다르지요. 전체적으로 보면 같은 일을 하고 있습니다.

일본에는 누룩균이라는, 강력한 단백질 분해 효소를 풍부하게 포함한 균이 있고, 이 균이 단백질을 점점 분해해서 아미노산을 만들기 때문에 감칠맛이 나는 겁니다. 콩이라는 재료는 우연히도 단백질이 많았기 때문에 남게 된 거죠. 물론 곡물장도 여러 가능성이 있으니까 다양한 콩으로 만들어 보면 좋을 거 같습니다.

하야시 맞아요. 그렇게 지금의 방법들도 나온 겁니다. 반대편으로 돌아가거나, 시대를 거슬러 올라가면 굉장한 가능성을 발견하게 되지요. 저는 이런 게 정말 재미있습니다.

가와사키 지금이라면 더 효율적으로 만들 수 있겠네요.

———— 앞으로의 일본요리에 대해 어떻게 생각하나요?

하야시 이런 대화를 하면 할수록 세계로 나갈 수 없겠구나 싶어요. 주위에 너무 의지하고 있기 때문입니다. 다시마도 가다랑어포도 스스로 만들 수 없는걸요. 구성요소 중에 내 것이 아닌 게 너무도 많습니다. 식재료만이 아닙니다. 그릇과 공간 같은 것도 마찬가지입니다. 세계로 나간다면 더욱 타협하게 될 수밖에 없죠.

가와사키 프랑스요리는 혼자서도 할 수 있으니까요. 원리원칙만 알고 있다면.

하야시 요즘 여러 면에서 일본요리의 한계에 부딪치고 있습니다.

가와사키 하지만 그런 점이 나름 다행인 건, 요리라는 게 점점 융합해가니까 결국 세계요리처럼 될까 싶었지만 그렇지 않네요. 일본요리는 그런 한계 같은 걸 소중히 여기기 때문에 살아남은 것 아닐까요. 프랑스요리도 눈 깜짝할 사이에 사라질 가능성이 있습니다. 「프랑스요리를 보존하자」라고 외쳐도, 프랑스요리가 뭔데? 하는 상황이 올지 모릅니다. 오히려 일본요리는 눈에 보이는 한계가 있어서, 반대로 살아남을 수 있는 건지도 모릅니다.

하야시 그렇네요. 생각하기 나름인 것 같군요.
대화를 통해 우리가 해야 할 일이 더 명확해졌고, 할 일이 많다는 걸 다시 한 번 깨달았습니다.

가와사키 하지만 변화하고자 하는 일이 파괴적으로 여겨지는 건 싫습니다.
계속 지켜나가기 위해 하는 일이니까요.

하야시 맞습니다. 저는 일본요리를 너무 좋아하고, 다음 세대에게 물려주자고 지금 생각하고 있으니까요. 그래서 일반인도 가정에서 이어갔으면 좋겠고, 그걸 위해 요리사가 할 수 있는 일이 아직 많다고 생각합니다.

가와사키 다른 예술은 형태가 남잖아요. 미술이든 음악이든. 요리가 어려운 건, 100년 전 것은 사진조차도 남아있지 않다는 점입니다. 가장 중요한 맛을 알 길이 없는 거죠. 당연히 요리는 점점 변하고 있고 변해야 합니다. 생물과 같습니다. 변화하는 것만이 살아남습니다.
요리는 다시에 얽매이면 안 됩니다. 요리를 어떻게 만들고 싶은지부터 생각하고, 자유자재로 다시를 다룰 수 있게 되는 것. 그게 가장 중요합니다.

하야시 맞습니다. 특히 아직 이미지가 그려지지 않을 때는, 그저 1번 다시를 어떻게 낼까 하는 데만 전념하게 됩니다. 1번 다시를 내고, 이걸 어떻게 할까부터 시작하면 요리법은 완전히 달라지고 말겠죠. 우선 어떤 요리를 만들고 싶은지, 거기서부터가 아닌가 싶습니다.

대담

가와사키 히로야
1975년 효고현 출생. 교토대학 후시키 토오루 교수에게 사사를 받고 「맛의 과학」을 연구하였다. 박사(농학)이며 현재 아지노모토(주)에서 프로의 조리기술에 대해, 만드는 관점과 맛보는 관점 모든 면에서 연구 중이다. 일본요리 아카데미 이사다.

요리 레시피

일본요리 세이잔

샤모와 순채 ⇨ p.25

재료

- 닭다릿살(샤모)⋯ 적당량
- 순채⋯ 적당량
- 닭 다시(p.24 참고)⋯ 적당량
- 영귤(둥글게 썬)⋯ 조금
- 소금, 정종⋯ 조금씩

만드는 방법

1. 닭고기는 소금을 뿌려서 숯불에 굽는다.
2. 순채는 끓는 물에 살짝 데쳐서 색을 내고, 얼음물에 담근다.
3. 한입크기로 자른 **1**의 닭고기와 물기를 제거한 **2**의 순채를 그릇에 담는다. 닭 다시를 뜨겁게 데운 후 소금과 정종으로 간을 하여 붓고, 영귤을 곁들인다. 먹을 때는 영귤을 짜 넣는다.

다니모토

갯장어 동아 만간지국 ⇨ p.53

재료

- 갯장어⋯ 적당량
- 동아⋯ 적당량
- 만간지 고추⋯ 적당량
- 칡가루⋯ 적당량
- 물(천연수), 소금, 국간장, 정종⋯ 적당량씩
- 다시마⋯ 적당량
- 가다랑어포(지아이가 있는 게즈리부시)⋯ 적당량
- 1번 다시(p.48 참고)⋯ 적당량
- 갯장어 다시(p.52 참고)⋯ 적당량
- 만간지 고추 절임액
  └ 2번 다시(p.49 참고), 정종, 소금, 국간장⋯ 적당량씩
- 청유자 껍질(청유자채)⋯ 조금
- 매실과육⋯ 조금

만드는 방법

1. 밑손질한 갯장어에 뼈째로 잔 칼집을 넣고 1인분씩 자른다. 표면에 칡가루를 얇게 묻히고, 끓는 소금물에 10초 정도 데친 후 얼음물에 담근다.
2. 동아는 껍질을 벗겨서 자르고 냄비에 물, 다시마와 함께 넣어 불에 올린다. 부드러워지면 소금, 국간장, 정종으로 간을 하고 가다랑어포를 더한다.
3. 만간지 고추는 센불로 구운 후 2번 다시, 정종, 소금, 국간장을 섞은 절임액에 반나절 정도 담가둔다.
4. **1**의 갯장어와 **2**의 동아를 찜기에 넣고 데운다. 찜기에서 꺼내기 1분 전쯤에 **3**의 만간지 고추를 넣고 함께 데운 후 그릇에 모두 담는다.
5. 1번 다시와 갯장어 다시를 섞어서 데우고, 소금과 국간장으로 간을 하여 **4**에 부은 후 청유자채와 매실과육을 얹는다.

다니모토

자라와 햇생강 솥밥 ⇨ p.57

재료

- 자라(p.56와 같이 다시를 낸 후의 살과 지느러미)⋯ p.56의 분량
- 자라 다시(p.56 참고)⋯ 적당량
- 2번 다시(p.49 참고)⋯ 조금
- 쌀⋯ 적당량
- 생강(생강채)⋯ 적당량
- 실파(잘게 썬)⋯ 적당량

만드는 방법

1. 다시를 낸 후의 자라는 잔뼈를 발라내고 칼로 잘게 다진다. 중간에 잔뼈도 꼼꼼히 제거한다.
2. 씻은 쌀, **1**의 자라, 생강채를 뚝배기에 담는다. 자라 다시에 2번 다시를 조금 넣어 양을 조절한 다음 뚝배기에 붓고 밥을 짓는다.
3. 밥이 다 지어지면 실파를 뿌린다.

데노시마
이리코 다시 온면 ⇨ p.65

재 료

온면 다시(만들기 쉬운 분량)
- 이리코 다시(p.64 참고) … 1000㎖
- 소금(우미노세이) … 3.4g
- 국간장 … 29㎖
- 쌀식초(후지식초 프리미엄) … 4㎖

구조파 … 1묶음(80g)
유자 … 1인분 1조각(얇게 썬 유자 껍질)
시치미 … 1인분 0.5g
소면(반생면) … 1인분 40g

만드는 방법

1. 이리코 다시에 소금, 국간장, 쌀식초를 넣고 섞어서 온면 다시를 만든다. 구조파는 잘게 어슷썰기한다.
2. 소면을 삶아서 흐르는 물에 씻고 물기를 뺀 후, 1의 다시를 끓인 냄비에 담갔다 꺼낸다. 그릇에 담는다.
3. 2의 다시에 구조파를 넣고 한소끔 끓인 후 그릇에 붓는다. 얇게 썬 유자 껍질과 시치미를 올려서 낸다.

데노시마
샤브샤브 스타일의 능성어회 ⇨ p.67

재 료

능성어* … 1인분 12g(편썰기) × 5토막
능성어 다시(p.66 참고) … 적당량
새싹채소 … 10g

양념 폰즈(1인분)
- 간 무 … 5g
- 다진 산파 … 10g
- 폰즈(아래 참고) … 20㎖
- ※ 합친다

폰즈(만들기 쉬운 양)
- 진간장 … 500㎖
- 국간장 … 200㎖
- 맛술 … 300㎖
- 정종 … 280㎖
- 물 … 90㎖
- 다시마 15g
- 가다랑어포 … 50g
- 감귤과즙(레몬, 블러드오렌지, 미쇼칸〈과즙이 풍부한 미쇼초의 귤〉, 가보스, 유자) … 총 1000㎖

※ 맛술, 정종, 분량의 물, 다시마를 냄비에 함께 넣고 불에 올려 알코올을 날린다. 진간장과 국간장을 넣고, 끓기 시작하면 불을 끈 후 가다랑어포를 넣는다. 식으면 거른 다음 감귤과즙을 더한다.

만드는 방법

1. 산마이오로시(3장뜨기)한 능성어를 껍질이 붙은 채로 편썰기한다.
2. 음식을 내기 전, 1의 능성어를 껍질쪽이 아래를 향하게 그물국자 등에 올리고, 끓는 능성어 다시에 껍질만 담가서 30초 정도 익힌다. 불을 끄고 능성어를 다시에 넣은 후 바로 건져낸다.
3. 능성어가 따뜻할 때 그릇에 담고, 새싹채소를 올린 후 양념 폰즈와 함께 제공한다.
* 능성어를 건진 후의 다시는 원하는 손님에게 요리와 함께 제공한다.

* 능성어_ p.66 **1**, **2**와 같이 산마이오로시(3장뜨기)한 생선살.

데노시마
새우죽 ⇨ p.69

재료
새우 다시(p.68 참고) … 1000㎖
시로미소 … 125g
국간장 … 10㎖
쌀식초(후지식초 프리미엄) … 10㎖
물에 갠 칡가루 … 50㎖(칡가루 … 225g + 물 … 500㎖)
산파(잘게 썬) … 1인분 1g

만드는 방법
1 새우 다시를 끓이고, 시로미소를 풀어넣은 후 국간장과 식초로 간을 한다. 물에 갠 칡가루를 넣어 걸쭉하게 만든다.
2 그릇에 붓고, 산파를 올린다.

데노시마
닭고기 완자 메밀국 ⇨ p.71

재료
닭고기 완자(1인분 45g, 12인분)
├ 닭다릿살(샤모) 다짐육 … 320g
│ 다진 갯장어살 … 225g
│ 농축 닭 다시(p.70의 닭 다시를 1/2분량이 되도록 졸인) … 150㎖
│ 밀가루전분 … 12.5g
│ 국간장 … 12.5g
└ 소금(우미노세이) … 5g
국 재료(6인분)
├ 무 … 44g
│ 긴토키당근 … 36g
│ 우엉 … 25g
│ 메밀(건조) … 30g
│ 닭 다시(p.70 참고) … 500㎖
│ 국간장 … 10g
└ 소금(우미노세이) … 1.5g
국물(4인분)
├ 1번 다시(p.63 참고) … 450㎖
│ 닭 다시(p.70 참고) … 150㎖(재료를 익힌 국물 포함)
│ 국간장 … 15㎖
│ 소금(우미노세이) … 12g
└ 물에 갠 칡가루 … 20㎖
마무리 재료(1인분)
├ 파드득나물(다진) … 5g
│ 대파 흰 부분(가로세로 7mm 크기로 깍둑썰기한) … 3g
│ 굵게 간 검은 후추 … 0.3g
└ 유자 껍질 … 1개

만드는 방법
1 완자를 만든다. 다진 갯장어살, 닭고기 다짐육, 소금, 국간장, 밀가루전분을 풀어서 넣은 농축 닭 다시를 푸드프로세서에 순서대로 넣어가며 섞는다. 1인분에 45g으로 나눈다.
2 국 재료를 준비한다. 메밀은 끓는 물에 넣고 8분 동안 데친 다음 체에 올려 물기를 제거한다. 무, 긴토키당근, 우엉은 각각 가로세로 5㎜로 깍둑썰기하여 닭 다시와 함께 냄비에 넣고, 부드러워질 때까지 끓인다. 이어 데친 메밀, 국간장, 소금을 넣고 그대로 식힌다.
3 1의 닭고기 완자를 스팀컨벡션 오븐(85℃, 습도 100%)에 8분 동안 찐다.
4 1번 다시를 닭 다시로 묽게 만들어 끓인 다음 국간장과 소금으로 간을 한 국물에, 2의 국 재료를 넣는다. 끓으면 물에 갠 칡가루를 더한다.
5 그릇에 3의 닭고기 완자를 넣고, 주위에 파드득나물을 뿌린 후 4를 붓는다. 대파 흰 부분을 뿌린다. 보기 좋게 자른 유자 껍질과 굵게 간 검은 후추를 뿌린다.

데노시마
배추절임 통돼지조림 ⇨ p.73

재료

삼겹살(p.72와 같이 다시를 낸 후의)
　… 두께 1cm × 2장

A(삼겹살 조림장)
- 돼지 다시(p.72 참고) … 800㎖
- 국간장 … 90㎖
- 정종 … 50㎖
- 쌀식초(후지식초 프리미엄) … 60㎖
- 맛술 … 10㎖
- ※ 최종 염분농도를 2.5%로 맞춘다.

대파 흰 부분 … 1줄기
생참기름 … 300㎖

전골용 배추
- 배추 … 1/4포기(600g)
- 배추절임* … 500g
- 돼지 다시(p.72 참고) … 500㎖
- 국간장 … 적당량
- ※ 최종 염분농도를 0.8~0.9%로 맞춘다.

전골 다시

- 돼지 다시(p.72 참고) … 500㎖
- 1번 다시(p.63 참고) … 500㎖
- 국간장 … 25㎖
- 물에 갠 칡가루 … 35㎖
- ※ 최종 염분농도를 0.78~0.82%로 맞춘다.

생강즙 … 1인분 5㎖

* 배추절임_ 배추를 잘게 썰고, 배추 무게의 3%에 해당하는 소금으로 주무른다. 빠져나온 물을 제거하고, 배추를 충분히 짠 다음 저장용기에 담아 상온에 2주일 정도 보관한다.

만드는 방법

1. 육수를 낸 후의 삼겹살을 두께 1cm(30g)로 2장 자른다. A의 조림장과 함께 냄비에 넣고, 속뚜껑을 덮어 10분 정도 끓인다. 얼음물을 받쳐서 식히고, 맛이 배게 한다.
2. 대파 흰 부분은 다진 후 생참기름에 노릇하게 튀겨서 튀긴 대파와 파기름을 만든다.
3. 전골용 배추를 끓인다. 배추를 얇게 썰어 냄비에 넣고, 배추절임과 돼지 육수를 더해서 부드러워질 때까지 끓인다. 맛을 확인하고 필요에 따라 국간장으로 간을 한다. 얼음물에 받쳐서 한 번 식힌다.
4. 전골 다시를 만든다. 냄비에 돼지 다시와 1번 다시를 넣고, 불에 올린다. 끓으면 국간장과 물에 갠 칡가루를 넣어 걸쭉하게 만든다. 한 번 식힌다.
5. 전골냄비에 4의 전골 다시 250㎖를 붓고 1의 돼지고기, 3의 전골용 배추 30g을 넣어 불에 올린다. 보글보글 끓으면 생강즙을 두르고, 2의 튀긴 대파를 올린 후 파기름 2㎖를 두른다.

기야마
동아와 여름조개 ⇨ p.93

재료

전복, 새조개, 골뱅이 … 적당량씩
동아 … 적당량
다시마(리시리 다시마), 무 … 적당량씩
정종, 국간장, 소금 … 적당량씩
1번 다시(p.85 참고) … 적당량
조개내장 다시(p.92 참고) … 적당량
칡가루 … 적당량
굵게 간 후추 … 조금

만드는 방법

1. 전복은 껍데기에서 분리해 손질하고 물, 정종, 다시마, 무와 함께 부드러워지도록 6시간 정도 끓인다. 먹기 좋은 크기로 자른다.
2. 새조개와 골뱅이는 껍데기에서 분리해 손질하고, 날것인 채로 먹기 좋은 크기로 자른다 (새조개는 1장을 2~3등분하여, 먹기 좋도록 같은 간격으로 칼집을 낸다. 골뱅이는 얇게 썬다).
3. 동아는 잘라서 껍질을 벗기고, 칼집을 넣어 부드러워질 때까지 데친 후 정종, 국간장, 소금으로 간을 한 1번 다시에 넣어 익힌다.
4. 조개내장 다시를 데워서 국간장, 소금으로 간을 한 후 물에 갠 칡가루를 넣어 걸쭉하게 만든다.
5. 뜨거운 상태의 4에 1과 2의 조개를 넣고 익힌다.
6. 데운 3의 동아와 5의 조개를 그릇에 담는다.
7. 5의 다시는 맛을 확인하고(생조개에서 맛이 다시 나와 진해졌을 수도 있다) 6에 붓는다. 후추를 뿌린다.

우부카

대게 배추찜 ⇨ p.147

재료

- 속성 게 다시(p.146 참고) … 적당량
- 배추 … 1/4포기(세로로 4등분한)
- 대게살(끓는 소금물에 데친 대게에서 발라낸) … 적당량
- 소금, 맛술 … 적당량
- 칡가루 … 적당량

만드는 방법

1. 4등분한 배추를 높이가 있는 트레이에 담고, 게 다시를 끼얹은 후 소금을 뿌린다. 김이 오른 찜기에 넣고 1시간 동안 찐다.
2. 1의 배추를 완성용 뚝배기에 담는다.
3. 1에서 나온 국물을 다른 냄비에 옮겨 담은 후 끓이고, 소금과 맛술로 간을 한다. 이어 물에 갠 칡가루로 걸쭉하게 만들어서 2의 뚝배기에 붓고, 불에 올려 보글보글 끓인다.
4. 배추 위에 대게살을 올려서 제공한다.

우부카

타차이 게 볶음 ⇨ p.147

재료

- 속성 게 다시(p.146 참고) … 적당량
- 타차이(물로 씻어서 먹기 좋은 크기로 자른) … 적당량
- 대게살(끓는 소금물에 데친 대게에서 발라낸) … 적당량
- 미강유, 소금 … 적당량씩
- 칡가루 … 조금

만드는 방법

1. 냄비를 달구고 미강유를 살짝 두른 후 타차이를 넣는다. 나무주걱으로 가볍게 4~5번 섞은 후 게 다시를 붓는다.
2. 1에 대게살을 넣고 소금으로 간을 한다. 물에 갠 칡가루를 조금 넣고 섞는다.

우부카

대게 다시로 맛을 낸 연어알과 대게 ⇨ p.151

재료(1인분)

- 대게 동결농축 다시(p.150 참고) … 100㎖
- 대게살(끓는 소금물에 데친 대게에서 발라낸) … 30g
- 연어알 … 50g
- 와사비(강판에 간) … 1g
- 소금, 국간장 … 적당량씩

만드는 방법

1. 대게 다시에 소금과 국간장을 넣고 연어알을 담가서 절인다(1시간 정도).
2. 대게살을 그릇에 담는다. 주위에 1을 두르고, 그 위에 강판에 간 와사비를 올린다.

우부카
대게 내장을 올린 무찜 ⇨ p.151

재료 (만들기 쉬운 양)
- 대게 동결농축 다시(p.150 참고) … 적당량
- 무 … 1개
- 대게 카니미소(끓는 소금물에 데친 대게에서 발라낸) … 200g
- 시로미소 … 50g
- 소금, 맛술 … 적당량씩
- 유자 껍질(유자채) … 적당량

만드는 방법
1. 무는 껍질을 벗겨서 3cm 두께로 썰고, 쌀뜨물로 부드러워질 때까지 삶은 후 물에 담근다.
2. 1의 무를 냄비에 넣고, 대게 다시를 간신히 잠길 만큼 부은 후 소금과 맛술을 더하여 10~15분 정도 끓여서 바짝 조린다. 불에서 내리고 그대로 식혀둔다.
3. 다른 냄비에 대게 카니미소를 넣고, 시로미소를 더한 후 나무주걱으로 섞는다.
4. 음식을 내기 전에 2의 무를 국물째 데운다. 무는 1인분에 1개씩 그릇에 담고, 국물을 부은 다음 무 위에 시로미소를 적당량 올린다. 윗부분을 살짝 그을려 구운 자국을 내고, 유자채를 올린다.

우부카
따개비 젤리 ⇨ p.158

재료
- 따개비 다시(p.156 참고) … 적당량
- 한천가루 … 다시 무게의 1.5%
- 따개비살(p.156와 같이 다시를 낸 후의) … 적당량
- 생성게알 … 적당량
- 완두콩(끓는 소금물에 데치고 자투리에서 빼낸) … 적당량
- 차조기꽃이삭 … 조금
- 와사비(강판에 간) … 조금

만드는 방법
1. 따개비 다시를 끓여서 한천가루를 넣고 녹인다. 한 김 식으면 냉장고에서 차게 식힌다.
2. 1을 그릇에 담고 따개비살, 생성게알, 완두콩을 올린 다음, 차조기꽃이삭과 간 와사비를 얹는다.

우부카
따개비 다시국 ⇨ p.158

재료
- 연두부 … 적당량
- 따개비 다시(p.156 참고) … 적당량
- 따개비살(p.156와 같이 다시를 낸 후의) … 적당량
- 대파(잘게 썬) … 적당량
- 양하(잘게 썬) … 적당량
- 생강(생강채) … 적당량

만드는 방법
1. 두부는 찜기로 데워서 그릇에 담고, 데운 따개비 다시(싱거우면 소금을 더한다)를 붓는다.
2. 두부 위에 따개비살, 대파, 양하, 생강을 올린다.

INDEX

기본 다시

다시마 다시
세이잔(야마모토) 9
고하쿠(고이즈미) 30
다니모토(다니모토) 47
데노시마(하야시) 62
기야마(기야마) 83
스이(오야) 105
우부카(가토) 135

1번 다시
세이잔(야마모토) 10
고하쿠(고이즈미) 32 국물용 다시
다니모토(다니모토) 48
데노시마(하야시) 63
기야마(기야마) 85
스이(오야) 106
우부카(가토) 136

2번 다시
세이잔(야마모토) 12
고하쿠(고이즈미) 34 1.5번 다시
다니모토(다니모토) 49
우부카(가토) 137

니보시·야키보시 다시
세이잔(야마모토) 13
다니모토(다니모토) 58 날치
데노시마(하야시) 64

생선 다시

옥돔 다시
세이잔(야마모토) 14
스이(오야) 112

은어 다시
기야마(기야마) 88
스이(오야) 114

능성어 다시
데노시마(하야시) 66

갯장어 다시
다니모토(다니모토) 52
스이(오야) 124

복어 다시
스이(오야) 110

오징어·조개류 다시

오징어 다시
기야마(기야마) 90 매오징어
스이(오야) 107 갑오징어

전복 다시
세이잔(야마모토) 16
고하쿠(고이즈미) 38
다니모토(다니모토) 54

재첩 다시
세이잔(야마모토) 20

조개내장 다시
기야마(기야마) 92

말린 관자 다시
세이잔(야마모토) 18
고하쿠(고이즈미) 44
　　돼지고기와 말린 관자 다시
스이(오야) 126 발효대파 말린 관자 다시

갑각류 다시

새우 다시
세이잔(야마모토) 22 닭새우
고하쿠(고이즈미) 36 보리새우
데노시마(하야시) 68 단새우
스이(오야) 130 닭새우
우부카(가토) 138 보리새우
우부카(가토) 142 벚꽃새우
우부카(가토) 144 속성 새우 다시
우부카(가토) 148 보리새우 동결농축 다시
우부카(가토) 152 갑각류 콩소메
우부카(가토) 160 일본식 새우 비스크

게 다시
스이(오야) 116 참게
우부카(가토) 146 속성 게 다시
우부카(가토) 150 대게 동결농축 다시
우부카(가토) 152 갑각류 콩소메
우부카(가토) 164 진한 게 수프

따개비 다시
우부카(가토) 156

고기·유제품 다시

자라 다시
고하쿠(고이즈미) 40

다니모토(다니모토) 56
기야마(기야마) 94
스이(오야) 122

닭 다시
세이잔(야마모토) 24
고하쿠(고이즈미) 42
데노시마(하야시) 70
데노시마(하야시) 78 생햄 닭 다시
스이(오야) 118

돼지 다시
고하쿠(고이즈미) 44
데노시마(하야시) 72

오리 다시
스이(오야) 120

지비에 다시(멧돼지)
데노시마(하야시) 74

생햄 다시
데노시마(하야시) 78 생햄 닭 다시

치즈 다시
기야마(기야마) 98

채소·식물성식품 다시

채소 다시
세이잔(야마모토) 28
데노시마(하야시) 80 토마토 다시
기야마(기야마) 100 옥수수 다시
스이(오야) 124
　　갯장어 발효양파 콩소메 다시
스이(오야) 126
　　발효대파 말린 관자 다시

버섯 다시
기야마(기야마) 102
스이(오야) 128 표고버섯

말린 표고버섯 다시
세이잔(야마모토) 26

콩 가공식품 다시
스이(오야) 130 시로미소 사프란 다시
스이(오야) 132 맑은 낫토 다시

이 책에 소개된 음식점

일본요리 세이잔(日本料理 晴山)
야마모토 하루히코(山本晴彦)

東京都港区三田2-17-29
グランデ三田B1F
TEL：03-3451-8320

고하쿠(虎白)
고이즈미 고오지(小泉 瑚佑慈)

東京都新宿区神楽坂3-4
TEL：03-5225-0807

다니모토(多仁本)
디니모토 세이지(谷本征治)

東京都新宿区荒木町3-21
宮内ビル2F
TEL：03-6380-5797

데노시마(てのしま)
하야시 료헤이(林 亮平)

東京都港区南青山1-3-21
1-55ビル 2階
TEL：03-6316-2150

기야마(木山)
기야마 요시로(木山義朗)

京都府京都市中京区堺町通
夷川上ル西側絹屋町136
ヴェルドール御所 1F
TEL：075-256-4460

일본요리 스이(日本料理 翠)
오야 도모카즈(大屋友和)

大阪府大阪市中央区
東心斎橋1-16-20
心斎橋ステージア2F
TEL：06-6214-4567

우부카(うぶか)
가토 구니히코(加藤邦彦)

東京都新宿区荒木町2-14
アイエス2ビル 1F
TEL：03-3356-7270

서브림(スブリム)
가토 준이치(加藤順一)

東京都港区東麻布3-3-9
アネックス麻布十番 1F
TEL：03-5570-9888

돈 브라보(ドンブラボー)
다이라 마사카즈(平 雅一)

東京都調布市国領町3-6-43
TEL：042-482-7378

다시의 기술

펴낸이 유재영 **기 획** 이화진
펴낸곳 그린쿡 **편 집** 이준혁
엮은이 시바타쇼텐 **디자인** 정민애
옮긴이 용동희

1판 1쇄 2021년 11월 10일
1판 4쇄 2025년 11월 20일

출판등록 1987년 11월 27일 제10-149
주소 04083 서울 마포구 토정로 53(합정동)
전화 02-324-6130, 324-6131
팩스 02-324-6135
E-메일 dhsbook@hanmail.net
홈페이지 www.donghaksa.co.kr/www.green-home.co.kr
페이스북 www.facebook.com/greenhomecook
인스타그램 www.instagram.com/__greencook

ISBN 978-89-7190-792-4 13590

• 이 책은 실로 꿰맨 사철제본으로 튼튼합니다.
• 잘못된 책은 구매처에서 교환하시고, 출판사 교환이 필요할 경우에는 사유를 적어 도서와 함께 위의 주소로 보내주세요.
• 이 책의 내용과 사진의 저작권 문의는 주식회사 동학사(그린쿡)로 해주십시오.

GREENCOOK

DASHI NO KENKYU
© SHIBATA PUBLISHING CO., LTD. 2020
Originally published in Japan in 2020 by SHIBATA PUBLISHING CO., LTD. Tokyo
translation rights arranged with SHIBATA PUBLISHING CO., LTD., Tokyo
through TOHAN CORPORATION, Tokyo and EntersKorea Co., Ltd., Seoul.
Korean translation copyright © 2021 by Donghak Publishing Co., Ltd., SEOUL.

이 책의 한국어판 저작권은 (주)엔터스코리아를 통해 저작권자와 독점 계약한 주식회사 동학사(그린쿡)에 있습니다.
저작권법에 의하여 한국 내에서 보호를 받는 저작물이므로 무단전재와 무단복제, 광전자 매체 수록 등을 금합니다.

용동희 옮김

다양한 분야를 넘나들며 활동하는 푸드디렉터. 메뉴개발, 제품분석, 스타일링 등 활발한 활동을 이어가고 있다.
현재 콘텐츠 그룹 CR403에서 요리와 스토리텔링을 담당하고 있으며,
그린쿡과 함께 일본 요리책을 한국에 소개하는 요리 전문 번역가로도 활동하고 있다.

일본 Staff 촬영_ 에비하라 도시유키 / 디자인_ 나카무라 요시로(yen) / 편집_ 나가사와 아사미